财政部"十三五"规划教材
高等师范教育精品教材系列丛书

何 溪 主编

团体操编排教程

Group Callisthenics Creation Course

经济科学出版社
Economic Science Press

图书在版编目（CIP）数据

团体操编排教程/何溪主编．—北京：经济科学出版社，2017.12（2023.2 重印）
（高等师范教育精品教材系列丛书）
ISBN 978－7－5141－8761－8

Ⅰ.①团… Ⅱ.①何… Ⅲ.①团体操－编排（体育）－高等学校－教材 Ⅳ.①G837.19

中国版本图书馆 CIP 数据核字（2017）第 296614 号

责任编辑：于海汛 李 宝
责任校对：郑淑艳
版式设计：齐 杰
责任印制：李 鹏 范 艳

团体操编排教程
何 溪 主编
经济科学出版社出版、发行 新华书店经销
社址：北京市海淀区阜成路甲 28 号 邮编：100142
总编部电话：010－88191217 发行部电话：010－88191522
网址：www.esp.com.cn
电子邮件：esp@esp.com.cn
天猫网店：经济科学出版社旗舰店
网址：http：//jjkxcbs.tmall.com
固安华明印业有限公司印装
710×1000 16 开 11.75 印张 210000 字
2017 年 12 月第 1 版 2023 年 2 月第 3 次印刷
印数：4001—6000 册
ISBN 978－7－5141－8761－8 定价：29.00 元
（图书出现印装问题，本社负责调换．电话：010－88191510）
（版权所有 侵权必究 举报电话：010－88191586
电子邮箱：dbts@esp.com.cn）

总　　序

随着社会主义市场经济体制的不断完善和高等教育的快速发展，我国教师教育受到党和政府的高度重视。中共中央在《关于深化教育改革全面推进素质教育的决定》中指出："调整师范学校的层次和布局，鼓励综合性高等学校和非师范类高等学校参与培养、培训中小学教师的工作，探索在有条件的综合性高等学校中试办师范学院。"由此，综合性院校成为我国教师教育发展的一支重要力量，推动教师教育体系发生着深刻的变革。同时，为拓展自身生存和发展的空间，提高办学活力，我国大多数师范院校也在增设非师范专业，逐步建构综合性大学，这既是高等教育发展的规律，也是教师教育发展的必然趋势。

综合性大学参与教师的培养，可以发挥雄厚的基础学科优势。从开放型的培养体制来看其优点是：教师来源广泛、储备多，能满足各类教育发展的需要；有利于提高师资培养质量，使师范生的学识水平等同于其他大学。师范院校的综合性发展，既培养多种类型的人才，与地区经济建设紧密结合，又增强自身活力，提高自我造血功能；扩展师范生就业门路，增加与其他类高校毕业生平等竞争的机会。因此，教师教育已经成为一个开放的、动态的体系，即以招生为起点，包括职前教育、入职教育和在职教育三个相互关联的阶段的连续统一体，这样可以促进教师在其职业生涯的所有阶段获得其专业发展。

呈现在大家面前的这套高等学校教师教育精品教材系列丛书，是探索教师教育改革的新举措，也是编著团队对教师教育科学研究工作的阶段性成果，缩写过程中倾注了作者大量的心血。教材内容具有先进性、科学性和教学适用性，符合新时期教师教育人才培养目标及课程教学的要求，全面、准确地阐述教师教育课程的基本理论、基本知识和基本技能，取材合适、深度适宜、结构严谨、理论联系实际。能够反映本领域国内外科学研究和教学研究的新知识、新成果、新成就、新技术。利于培养学生的自学能力、独立思考能力和创新能力。

  教材编写是一项复杂的工作，加之时间紧迫、任务艰巨，难免出现一些疏漏和错误，请读者不吝指正。本教材在编写过程中得到了相关领导和专家的鼎力支持和辛勤付出，以及广大教师、学生的积极参与，在此表示衷心的感谢！

王玉华

齐鲁师范学院党委书记、教授、博士

前　　言

团体操是一项融体育、艺术、文化和科学技术为一体的综合性大众集体性表演项目，被广泛运用在一些重大节日、庆典活动和体育运动大会开幕式中，近一时期随着科教文化的发展其表现形式有了较大的变化和拓展，融入了更多的艺术表演和高科技的技术元素。团体操作为把体育与多种艺术融为一体，具有民众性、艺术性和教育性特点的大众体育表演项目，能够提供民众参与的机会，为节日庆典和运动会增添热烈欢乐的气氛，使观众得到美的享受和精神上的鼓舞，备受大众的关注与青睐，是各类活动首选的表演形式，更是各级学校运动会必不可少的开幕式重要内容与表演形式。

本教材的编写是依据团体操的特点和创编与排练程序的规律，结合高校专业人才培养和组织编排团体操人员的工作需求，针对学校、基层单位等所举办的中、小型团体操，以团体操创编理论与技术和必备的艺术装饰、团体操排练的具体组织实施两大关键主体为重点，本着实用、简练和有效的原则，通过归纳、提炼将教材内容概括为创编和排练两个部分，共分成四章。通过第一章团体操的概述引入，首先了解和认知团体操；第二、三章是团体操创编的基本理论、应用技术和艺术装饰所需的知识、技术与方法技巧；第四章是团体操排练组织实施的具体方法与形式。教材总体上较为全面系统地阐述了团体操的理论知识，在实际应用上突出了团体操创编和排练两个重要实践环节的应用技术与方法。教材主要以实践应用为特色，以便在团体操的实际编排教学时能使学习者从总体上对团体操有一个较全面的认识，重点是对创编和排练的各项综合能力素质的提高。同时，也能为从事团体操编排与表演的工作者提供参考和帮助。

教材内容参考和借鉴了国内有关团体操的著作、教材和研究成果资料，编写过程中还得到了相关教授、学者的指导帮助，在此一并向作者和专家学者致以诚挚的谢意。

教材的编写和出版得到了齐鲁师范学院教务处、体育学院和经济科学出版社的大力支持与帮助,对此深表感谢。由于作者经验和水平有限,编写内容难免有不当之处,敬请广大读者批评指正。

编 者

2017 年 3 月

目　　录

第一章　团体操概述 … 1

第一节　团体操的形成与发展 … 1
一、团体操概念 … 1
二、团体操的由来与发展 … 2

第二节　团体操的作用与价值 … 10
一、团体操的教育作用 … 10
二、团体操的审美价值 … 12

第三节　团体操的分类与特点 … 13
一、团体操的类型 … 13
二、团体操的特点 … 14
三、团体操的表演风格与特征 … 15

第二章　团体操创编理论与技术 … 18

第一节　团体操创编理论与程序 … 18
一、组建创编团队与分工 … 18
二、创编的总体设计构思 … 19

第二节　团体操创编设计要素与原则 … 23
一、团体操创编设计要素 … 23
二、团体操创编原则 … 25

第三节　设计创编团体操队形图案 … 28
一、队形图案设计原则 … 28
二、队形图案的构成法则与运用 … 29
三、队形图案的设计与变化 … 57
四、队形图案变化实例 … 64

第四节　设计创编团体操表演动作 …………………………………… 72
　　一、表演动作创编原则 ……………………………………………… 72
　　二、表演动作创编技巧 ……………………………………………… 74
　　三、表演动作的创编素材 …………………………………………… 76
　　四、表演动作的选择运用 …………………………………………… 78
　　五、常用集体配合动作 ……………………………………………… 80

第三章　团体操艺术装饰设计与选配 …………………………………… 105

第一节　团体操表演的音乐 ……………………………………………… 105
　　一、团体操音乐的功能特性 ………………………………………… 105
　　二、团体操音乐的创作与选编 ……………………………………… 106
　　三、团体操音乐的创编形式与方法 ………………………………… 107

第二节　团体操表演的服装 ……………………………………………… 110
　　一、团体操常用的服装种类 ………………………………………… 110
　　二、团体操表演服装的功能特性 …………………………………… 110
　　三、服装的选择设计 ………………………………………………… 111

第三节　团体操表演的道具 ……………………………………………… 112
　　一、道具的种类 ……………………………………………………… 112
　　二、道具的选择、设计提示 ………………………………………… 114
　　三、道具的制作与应用 ……………………………………………… 115

第四节　团体操表演的背景 ……………………………………………… 134
　　一、背景表演设计的类型 …………………………………………… 134
　　二、背景台的区域与表演人数 ……………………………………… 135
　　三、背景画面的设计与道具制作 …………………………………… 137
　　四、背景设计提示 …………………………………………………… 141

第五节　团体操表演的色彩 ……………………………………………… 143
　　一、颜色的基本属性 ………………………………………………… 144
　　二、色彩的搭配 ……………………………………………………… 144

第四章　团体操的组织与排练 …………………………………………… 147

第一节　团体操排练的组织与规划 ……………………………………… 147
　　一、组织机构与职责 ………………………………………………… 147
　　二、制定各阶段排练计划 …………………………………………… 150

第二节　团体操的排练特点与方法……………………………………… 152
　一、排练特点……………………………………………………………… 152
　二、排练形式与方法……………………………………………………… 153
　三、场地布置与排演……………………………………………………… 164

参考文献……………………………………………………………………… 176

第一章　团体操概述

【内容提要】
团体操是一种体育与艺术高度结合，融体育、文化艺术、科学技术为一体，以体操、舞蹈等动作为主、能表达一定思想内容的大众性集体表演项目。本章主要介绍团体操的概念、特点、分类以及世界团体操和我国团体操的由来和发展简史，并对团体操的社会价值、审美价值、教育意义做了阐述。

【学习目标】
1. 总体认识团体操这个体育与艺术相结合的表演项目。
2. 了解团体操起源与演变的历程和当前的发展状况。
3. 熟悉和掌握团体操按结构、规模和表演进行分类的依据与规律，以及不同的特点与风格。
4. 了解团体操的社会价值与突出的教育价值和实际的教育作用。

第一节　团体操的形成与发展

一、团体操概念

团体操是一种体育与艺术高度结合，融体育、文化艺术、科学技术为一体，以体操类和舞蹈等动作为主，包含各种各样体育与艺术的表现形式，是一项能表达一定思想内容的大众性集体表演项目。其中，表演动作与造型、队形图案和艺术装饰（包括音乐、道具、服装乃至背景、场景、灯光等）是其最基本的构成要素。它是众多的表演者在体育场或广场上，通过整齐和优美的体操类动作、舞蹈类动作、武术动作、民间技艺等，快速组成各种巧妙的队形变化和绚丽多彩的图案，并配以各种艺术装饰所构成的体育与艺术高度结合的综合性的集体表演。团体操多在运动大会上或重大节日里进行表演，它场面壮观、人数众多、气势宏伟，融体育与多种艺术为一体，具有群众性、艺术性和体育教育性的特点。

现代团体操本身包含了丰富多彩的体育、文艺表演成分，具有很强的艺术性。团体操自其诞生之日起就是以广场为设计舞台，在长期发展中创造形成了适合于广场表演的队形动作、图案造型、背景等特殊的表演语汇和表现手法，有较系统的设计思路和理论体系，形成了有别于舞台文艺表演的独特风格。团体操的规模少则几十人，多则成千上万人，在大型场（馆）中进行表演，堪称广场体育艺术。表演者通过团体操的严格训练和表演，对增强体质，培养良好的身体姿态，进行美育教育，陶冶情操，加强集体主义观念和组织纪律性都有明显的效果。团体操表演还可以生动、具体地宣传和反映社会物质文明和精神文明建设所取得的伟大成就，表现体育运动发展的业绩等。事实证明，它能寓宣传教育于表演之中，使观众得到美的享受和精神上的鼓舞；能为盛大节日和体育运动大会增添热烈隆重的气氛；它能形象地反映出一个国家或民族的精神，社会文化与经济发展水平，反映社会生活的风貌。因此，团体操越来越受到许多地区和国家的重视，越来越受社会民众的欢迎与喜爱。

二、团体操的由来与发展

（一）团体操的源起

古代团体操是指1840年鸦片战争以前团体操类型的活动。在当时还没有团体操这个词，但是，我们可以通过古代的一些文物、壁画所表现的那些丰富、生动、形象的内容，窥视和感受到很多类似现代团体操表演的造型和图案。有人认为古代团体操可追溯到1300年前的唐宋时代。

团体操这种形式，实际上是古已有之。在中国古籍中有很多关于原始舞蹈的记载，但大多带有传说性质。1973年秋，考古工作者在青海省大通县孙家寨发现了一个新石器时代的陶盆，其内壁上的彩绘，生动地记录了原始操舞的形象，这便是前所未见的实物资料。陶盆内壁共有彩绘四组，每组五人手牵手，头上发辫整齐地摆向一方，每组外侧两人空着的手臂画为两道，疑似表现上下挥摆。五人联臂踏歌，有相同的发髻和装饰性的尾巴。这组舞蹈可能是对狩猎活动的颂扬。据考古人员断定，此为约4000年前的器物。20世纪60年代，在云南省阿佤同沧源县境内的高山峭壁上，发现了一处3000多年前古人作的崖画。画面色彩斑斓，构图古朴，有数组双人操舞，有五个人组成一朵梅花形状，有十条腿构成一个五角星等，与我们现代团体操中的造型非常相似，使我们看到了祖先们的集体操舞已发展到具有初步的统一性、节奏性和规范性。

团体操是随着社会生活和物质文明的不断进步而逐步发展起来的，中国古代虽有团体操活动的萌芽，但作为现代团体操则最初始于德国。

现代团体操诞生于19世纪的德国。当时德国的体操俱乐部做体操时，并不是在教师或指导者的号令下集体进行，而是采用自由练习法。1810~1858年，在德国"体操之父"阿特尔夫·施皮斯设立的体操学校里，曾让学生在统一号令下集体进行徒手体操、器械体操、道具体操、行进间运动等练习，当时称之为"合同体操"。这种形式被认为是最能发挥指导效果的方法。后来这种体操在军队和学校中广泛应用。到20世纪，这种体操进一步发展成为人们观赏的体操，称之为表演体操。1892年，捷克等国在庆祝体育协会成立大会上首次举行了盛大的团体操表演，从此大型团体操表演在世界范围逐步兴起。

（二）国外团体操

近、现代的团体操自19世纪德国学校"体操之父"阿特尔夫·施皮斯发明了"合同体操"之后，推动了团体操在世界范围内的开展，虽然不同国家团体操表演内容、形式各不相同，但都展现了各国本民族的特点与风格。国外团体操开展较好的国家有欧洲的捷克斯洛伐克、苏联，亚洲的日本、朝鲜，拉丁美洲的墨西哥等国家。自20世纪80年代起，伊拉克、阿曼、委内瑞拉、尼泊尔等发展中国家也都开展了团体操活动。

起源于欧洲的团体操，捷克斯洛伐克团体操具有代表性。捷克斯洛伐克在1992年解体之前，是一个共有1560多万人口的小国家，却有100多万人参加基层的县、州与全国的团体操表演，全国民众大约每15人中就有一个是表演者，每3人中有一名是观众。这么多的人走出户外，在阳光和新鲜空气中排练团体操，显示了民众对体育的热情，对团体操的爱好。这在世界团体操史上是一个创举。捷克斯洛伐克团体操全国民众性参与的程度和热情，源于1862年成立了"天鹰"体育协会，领导开展了团体操活动，参加者面广人多，后来还为团体操表演修建了专门的运动场地。1892年为庆祝体育协会成立，庆典当天首次举行了规模盛大的团体操表演，之后在每6年举行一次的全国运动会上都要组织大型的团体操竞赛和表演。说明在100多年前就开始的捷克斯洛伐克团体操历史之长、普及之广、人民喜爱程度之深是世界各国不能与之相比的。

苏联团体操表演在世界上享有盛名。大型团体操的编排与表演不但集体配合动作姿态优美、整齐划一、表现力强，而且体操、技巧、造型和叠罗汉等表演，难度大、质量高，充分显示了苏联体操运动的普及和高超的水平。经典的第22届奥运会开幕式上的大型团体操表演，主题鲜明，编排新颖活泼，给观众留下深刻的印象。

苏联人民能歌善舞，喜爱体育和文艺。因此，团体操表演的内容极为丰富，形式新颖活泼。既有体操动作，又有民间舞蹈动作；既有运动服装，又有各民族服装；既有体育道具，又有民族传统道具；既有现代音乐，又有民族古典音乐。苏联团体操表演充满了浓郁的民族风格和特点，深受人民的喜爱，同时也成为鼓动和宣传体育运动行之有效的手段。早在1930年起，每逢重大节日和体育运动会，苏联在各加盟共和国的首都、城市广场、体育场馆，都经常组织团体操表演。表演的场面把观众和表演者的感情融合在一起，汇成沸腾的海洋。表演中欢快优美的民间舞蹈以及家长和孩子的体育游戏表演等，都充分表达了苏联人民丰富多彩的物质生活和精神生活。集体造型和叠罗汉表演，是苏联团体操表演常采用的动作，组成各种造型和图案，象征苏联人民在建设自己祖国的事业中取得的伟大成就。苏联团体操的背景表演别具一格，与其他国家有所不同。背景表演人数不多，占用背景面积小。表演道具主要是利用各种丝绸、布料和彩色纸制作而成，代替背景来表演。这种背景道具表演，配合场内表演灵活多变，组成各种图案，表现各种场面以及抽象的主题，使背景表演显得新颖、火热、变化快、灵活、立体感强，很受观众的喜爱。苏联团体操表演风格和水平，在世界团体操的发展上起到了很好的引领和带动作用。

在亚洲，朝鲜团体操表演让世界瞩目，规模之大、水平之高，最典型的当属人们熟悉的《阿里郎》。《阿里郎》团体操由10万余人表演，由序场、终场和4个场次，共13个场景组成，依次展示了朝鲜民族的历史以及朝鲜建国后在工业、农业、体育、军事等各个方面的成就。从2002年开始，朝鲜每年在宏伟的五一体育场要进行两季《阿里郎》大型团体操表演，被誉为史诗性的伟大艺术作品。朝鲜团体操的特点是主题鲜明，气势磅礴，场面壮观，队形灵活多变，层次清楚，节奏分明，注重背景烘托。主要反映朝鲜人民发扬千里马的精神，奋发图强建设社会主义的精神风貌和幸福生活，歌颂劳动党，歌颂自己的领袖。

朝鲜团体操从1959年开始在全国普及，成立了国家团体操组织领导机构，专门从事团体操创编、训练和表演等各项工作。为了开展团体操活动，规定每年组织团体操表演。团体操被定为国家体育竞赛项目，成为学校体育教材内容之一，国家从人力、物力和财力等方面给予保证。团体操表演或比赛有专门的表演场地，表演场地有的铺着人造地毯，有的铺着绿色草坪。在朝鲜历届全国运动会上都组织规模宏大的团体操表演。团体操成为宣传朝鲜人民在政治、经济、文化教育和体育事业等方面取得的成就的一种形式，在朝鲜的重大节日、庆祝活动和大型集会上，都要举行不同规模的团体操。朝鲜团体操背景表演从1963年开始又有了新的突破和创新。例如《阿里郎》等团体操表演在背景台上铺设铁轨和公路。在轨道上，有大型的火车模型通过，火车窗口有人向观众招手致意；公路上，坦克奔驰，朝鲜人民军冲锋陷阵。在背景台上安装绞盘机和拉一条钢丝，在钢丝上吊有猪、牛、羊，各种农作物和瓜果、蔬菜等模型道具，象征着农、牧、渔业等丰收喜人的景象。在背景画面上，有时出现大海和船，表演者举起大海鸥；有时出现百花盛开的画面，表演者举起活动的蝴蝶飞来飞去，仿佛把观众带到那鸟语花香的境地，充分表现了朝鲜人民向往美好生活的诗情画意。

日本团体操也具有较高的表演水平。在总体编排、动作设计、背景表演和技巧难度等方面具有独特的风格和水准。例如1969年举行的"东京文化祭"团体操表演，华丽的背景和高难度体操、技巧、叠罗汉等动作的表演，显示了日本团体操的特点和水平。在日本举行的冬季奥运会开幕式上，表演者把优美的体操动作和冰上舞蹈动作结合起来，别具一格。战后的日本对国民健康尤为重视，大力发展体育事业，增强日本国民的体质和改善身体条件。团体操在日本得到了广泛的开展和普及。学校通过团体操集体队形的训练，培养学生遵守纪律、听从指挥、步调一致的作风；通过体操、技巧、叠罗汉等技术训练，培养学生健美的身体以及勇敢顽强、不怕困难的品质。

许多发展中国家近年来对开展团体操活动十分重视。他们把开展团体活动作为对全国人民，尤其是青少年进行宣传教育的手段。不少国家还专门聘请外国团体操专家去讲课、培训、创编、设计、组织指挥等。中国的团体操编导和专家，从20世纪80年代起至今，应伊拉克、阿曼、委内瑞拉、尼泊尔等国家的邀请，先后派了十几批团体操学者赴各国讲学，帮助开展团体操活动，培训团体操专业人员，增进我国与世界各国人民之间的友谊。

随着世界人民生活水平的不断提高以及体育运动的蓬勃发展，团体操作为一项民众所喜爱的体育与艺术结合的表演项目，得到了迅猛的发展。

（三）中国团体操

中国近代时期，1907年上海成立了中国第一所专门的体育学校——中国体操学校，其开设课程的教学内容中瑞典体操、徒手体操、器械体操、兵式体操、拳术、舞蹈等开启了中国体育教育，一些集体操练的形式和进行组织编排的集体表演，也启动了中国团体操的萌芽发展。最早的一次较大规模的团体操表演是1907年在南京学界第一次联合运动会上进行的。80多个学校分别表演的队列行进、兵式体操、普通体操、舞蹈等，从规模和内容上奠定了团体操的最初基础。之后，在北京、上海、天津、南京、杭州、长春等地的运动会上，都曾组织过团体操表演。1933年在旧中国第五届运动会上，41所小学的2000余人在散点队形和统一口令指挥下，表演了"太极拳"，这是旧中国首次在全国运动会表演规模较大、民族色彩较浓的团体操。此后在第六届、第七届全运会开幕式上又两次表演了含有轻器械体操、叠罗汉、组字、队形变化及钢琴伴奏的团体操，使团体操开始与艺术结合，更加富有表演性。虽然当时的编排表演比较简单，但是也为中国现代团体操的发展奠定了基础。

新中国成立后，中国现代的团体操以一种宏大而独特的运动形式面向世人，让世界瞩目。2008年在中国北京举办的奥运会的开幕式，可谓是体育、艺术、科技融为一体的团体操形式的宏大经典表演。浓厚的中国元素——日晷、击缶、司南、活字印刷、长城、兵马俑、丝绸之路，还有中华卷轴，高科技的演绎背后，是中国五千年历史积淀的瞬间绽放。这次开幕式给了世界一个意想不到的惊喜，每一个表演都是万人瞩目的亮点，充分体现了北京奥运会人文奥运、科技奥运、绿色奥运的理念，可称得上历届奥运开幕式中最精彩的表演之一。

随着社会经济的发展，在团体操事业开拓者和广大体育工作者辛勤而富有创造性的奋斗中，中国团体操得到了迅速的普及和提高。目前，团体操在全国已经非常普及，已成为高校体育类专业的选修课，成为学校和社会各级各类运动会，尤其是全国性、国际性大型体育盛会开幕式的重要表演项目。

中国团体操的真正开端，应该说是在新中国成立之后。纵观其发展历程，以全国运动会开幕式团体操为标志，大体可分为两大阶段。第一阶段：新中国成立到"文化大革命"结束的前30年；第二阶段：中国改革开放发展的后30年。中国团体操发展的不同时段也体现了国家社会、政治、经济、文化等发展的历史阶段。

第一阶段，是中国团体操发展的基础形成和突破与多方面发展的阶段。

1959年，新中国成立后在北京举行的第一届全运会开幕式上，中国团体操有史以来首次在统一主题下将多场次的表演有机地组织成一个完整的作品，并用音乐指挥7823人参加大型团体操《全民同庆》的全部表演，这标志着中国团体操由过去的单场表演或数个操汇，发展到统一主题下多场次表演阶段，也开创了我国大型团体操系统构思，统一组织、创编、训练的新阶段，使中国团体操从理论到实践，从组织到编训，走向规范化和系统化。

1965年9月在北京举行的第二届全运会开幕式上，《革命赞歌》大型团体操有16360人参与表演，并且在我国第一次采用8000多人的大型背景表演，大大增强了团体操的表演气势和艺术魅力，使中国团体操迈进立体表演的新阶段。《革命赞歌》的成功是中国团体操整体艺术水平的一次突破性的飞跃。

20世纪70年代，在这个时期除大运动场团体操的发展完善外，室内和单场团体操表演也有了新的突破和发展，如1972年6月在北京首都体育馆展示了我国首次室内400名儿童表演的团体操。在1973年7月首都体育馆举行的第一届亚非拉乒乓球友好邀请赛开幕式文体表演中，演出了一个单场团体操——《银球传友谊》，其中一段表演是在熄灯情况下使用火棒道具进行的，收到十分精彩的表演效果。它使我国室内团体操除在日常体育馆照明灯下表演外有了暗场表演，也为以后大运动场团体操的暗场设计积累了实践经验。

第三届全运会于1975年9月在北京工人体育场开幕，团体操《红旗颂》在团体操集体配合动作的创作方面有了进一步的发展和完善。团体操典型的集体配合动作——波浪，在第三届全运会中发展到了9种类型。同时，背景也由露头改为不露头，画面更加清新完整，背景活动画面的表演也丰富了许多，全部8场的表演均有背景配合。1979年第四届全运会团体操的设计与表演形式很大程度上延续了上届的总体风格。

中国团体操发展的第一阶段，在逐步形成的统一主题下多场次表演的结构模式基础上，通过背景表演配合和集体动作编排设计的进一步创新完善，团体操的设计和表演趋于成熟，团体操表演的思想性、艺术性、表演技巧更加和谐统一，并开始向多方面发展。

第二阶段，是中国团体操开拓创新、综合化发展和现代化科技运用的阶段。

继1983年第五届全运会开幕式团体操表演不设统一主题，不搞背景，文艺表演与团体操兼有，文体结合表演形式的尝试之后，1987年广州举办的第六届全运会开幕式团体操表演开辟了新的天地，团体操《凌云志》作为我国第一次创编的夜间大运动场团体操表演获得了成功。8000人的大型灯光背景在国际上也属罕见，与场下火龙、火棒灯表演相配合，产生了白天团体操表演难以实现的辉煌绚丽的视觉效果，它大大拓展和丰富了团体操的表演天地和形式，使中国团体操迈向新的里程。

20世纪90年代，随着全国各种大型体育运动会的增多和承办国际体育赛事，团体操也呈现出综合化发展态势，不再是全运会开幕式一枝独秀。1990年，我国首次承办亚运会。为迎接这一重大国际体育盛会，经过充分准备和精心设计排练，在开幕式上展现了一场内容丰富、形式多样、民族特色浓郁的大型团体操——《相聚在北京》。它更多地吸收了适合于广场表演的民族、民间文体形式，使团体操的表演形式和手段更加丰富，更具民族特色。《相聚在北京》以振奋民族精神、弘扬中华文化方面的鲜明特色赢得了国内外的高度赞誉。

亚运会之后，1992年在广州举行的第三届全国残疾人运动会开幕式上演出了室内团体操——《生命之歌》，这是在我国室内团体操中首次运用场景舞台和多种灯光等舞美效果技术，大大增强了团体操的艺术魅力，使团体操这种广场体育表演也能够表达更丰富细腻的感情和表演效果。1993年，第七届全运会开幕式团体操形式的表演中更多地融入了专业舞蹈、音乐等艺术表演的内容和元素，文体结合多元化表演，形成专一主题向多题材转化，更加注重对中华文化的传承和地域文化的发扬。从 1997 年第八届全运会开始，新科技的运用已经成功实践，因为文艺表演的比重增大，使开幕式表演的叙事性增强，历史文化的精彩内容在文体表演中被演绎出来。多层次、多方位展演的发展与变化加重了艺术的氛围，单纯的团体操表演已向大型的文体表演演变。

进入 21 世纪，随着我国与世界文化的相互融合、文化的逐渐复兴和高科技的迅猛发展，团体操形式的大型文体表演也越来越多地运用高科技手段。以技术创新和独特理念的艺术形态叙事，彰显工业文化和艺术气势。具有代表性的 2008 年北京奥运会开幕式文体表演就是中国向世界展现的经典作品。开幕式的另一个升华在于健身理念与开幕式的完美结合。倡导全民健身，引导健康理念，开幕式不再是一种形式，而是一种趋势，一种带动人们寻找健康、积极生活的趋势。2001 年广州第九届全国运动会开幕式《盛世中华》较好地诠释展现了全民健身的理念。2005 年南京第十届全国运动会的开幕式可以认为是 2008 年北京奥运会前的实践练兵。开幕式在表演空间及方式上，创造性地运用高新技术与新材料，使整个演出场面的人、物、景和声、色、光有机融为一体，不同的篇章，在灯光、音乐、音响、舞美、服装、道具方面各具特色，整场演出内容与形式上创新、艺术和技术交融、文艺与体育相结合，表演气势恢宏、寓意深刻。并且，首次采用了超大型中心舞台，功能齐全，如可升降系统、水雾系统、水调节系统以及大型道具的变化等，充分体现了我国演艺设备技术发展中的科技含量，吸引了众多中外观众，赢得了广泛赞誉。全运会开幕式的演变与发展已经可以独立展现全运会特色与主题，表现主办城市的深厚底蕴，提高城市的整体竞争力，引领城市改革的深入发展。2009 年济南第十一届全运会开幕式表演，经历过美轮美奂的 2008 年奥运会之后，将全运会的开幕式发展到了一个巅峰。高科技造就的艺术奇观结合视听和舞台效果组成了别开生面的图画。直径 50 米的碗幕是演出最大的创意之一，圆形巨幕配合声、光、舞台等各种元素，完全是对前几届开幕式的颠覆。碗幕上一幅幅具有齐鲁文化特色的视频画面，全场观众在任何一个角度都可以看到，碗幕的画面在整个演出中也起着起承转合的作用。体育场 2 万平方米地面全部是 PG 灯做底图案，是开幕式高科技方面的另一亮点。在第十一届全运会开幕式演出现场，数万名观众惊奇地看到偌大的场地竟然变成了一个流光溢彩的大舞台。伴随着节目的进行，地面上的图形不停地变换。"全民全运、和谐中国"的全运口号通过开幕式的表演传递到每一个人面前，有充满朝气的少年挥汗如雨，有上了年纪的老人精彩表演，还有数以万计的人们通过最朴实的抖空竹、玩柔力球、打太极拳等运动，将"全民全运"的口号用实际行动表现出来。

不但在表演场上，而且在我们的日常生活中，这是一个巨大的进步。整场表演服务于一个主题，而这个主题不再受限于地域、国家，而是一种"以人为本"的境界。同时，一幕幕画面无不说明工业科技的成果使艺术表现力更加丰富和迷人。演出气势恢弘，雄浑大气，引人入胜。

中国大型运动会和庆典活动（如世博会、艺术节、服装节等）的开幕式表演更多地采纳了文艺表演形式，其中舞美灯光方面的发展尤为显著，通过对声、光、景、物、声、人的全方位设计和充分利用，气氛更热烈，场面更壮观，艺术性更强，呈现出体育与艺术相伴、体育与科技结合的综合发展趋势。

（四）团体操的传承与发展

在世界各国体育文化交流不断扩大的背景下，随着当今体育、艺术与科技在人们文化生活中的影响不断加深，人们的审美素质在不断提高。团体操的发展趋势已趋于多元化、艺术化、科技化，团体操不能仅局限于表演动作的编排与队形的设计水平，还有赖于多种艺术形式和文化内容的融合，以及现代科技手段的运用等综合艺术表演性的整体提高。团体操既要有文化与形式的传承，又要有随时代进步的创新发展。

1. 不断挖掘民族与民间艺术形式，传承与弘扬历史文化。团体操不仅是一项表演项目，它更是一个文化载体，因此，要广泛深入地挖掘并改造适合于团体操表演的民族或民间艺术形式。越是民族的东西就越具有长久的生命力，只有通过不断创造与发展团体操特有的动作语汇与表现手法，才能使团体操表演更富有生命力，同时，将中华民族的历史文化精髓通过团体操的表演形式展示给世人。另外，还应该注重"民族主义"在艺术表现力上的运用，找出真正的团体操表演的艺术发展之路。

2. 秉承团体操的特征，创新变化表演要素的设计。团体操作为广场体育艺术，虽然包含了多种多样的文艺表演成分，具有很强的观赏性，但它与表演艺术不同，形式的侧重点也不同，团体操更加侧重于体育的成分和大众参与性。团体操表演最基础的表演队形与图案是构成团体操的两大要素。为了能增强团体操表演的艺术和视觉效果，当今团体操表演的队形与图案不再是以往那种简单的、整齐划一的变化，而是在队伍流动的同时产生巧妙的队形与图案的变化。因此，越来越多的团体操创作者采用不对称、多层次、立体变化等设计，巧妙地组合表演队形与图案，力求使创新设计的队形与图案变化更巧妙，更有流动感。

3. 道具与表演装置的不断更新创造，丰富团体操的表现形式。团体操的背景表演和表演装饰需要道具和表演装置辅助。随着科技的不断发展，对于表演场面的要求不断提高。为增加表演的视觉效果，在运用点、线、面的几何原理，努力创造出新颖独特的道具的同时,创作者加强了表演装置(如联合器械、升降台、高空威亚,包括 PG 灯在内的特效灯、电脑灯等)的开发与使用研究,使团体操在表现形式上更加丰富多彩,视觉效果向立体化方向发展。

4. 借鉴和运用现代舞美的技术与科技成果,增强团体操的表演效果。灯光、背景、舞台场景等构成了文体演出舞台美工的重要因素。因此,在较大型的团体操表演中,应考虑充分借鉴舞台美工手段,运用现代舞台技术成果,通过场景设置、背景衬托和灯光变化,进行意境烘托,以增加团体操表演的美感效果。随着高科技的不断发展,现代化的声、光、电等高科技在团体操表演的广泛运用,使团体操表演的场面更加流光溢彩。

第二节 团体操的作用与价值

团体操一般是在重大节日、庆典活动和体育运动大会上进行的表演。它能寓宣传教育于表演之中,使观众得到美的享受和精神上的鼓舞;能为盛大节日和体育运动大会增添热烈隆重的气氛;它能形象地反映出一个国家或民族的精神,社会文化与经济发展水平,反映社会生活的风貌。因此,团体操越来越受许多国家、地区的重视,并被广泛普及开展。

一、团体操的教育作用

(一) 宣传教育、文化交流

在我国一些重大节日、庆典活动和体育运动大会上,团体操的表演一直备受关注和青睐,大到重大节日、庆典活动、体育运动会的开幕式,小至幼儿园、学校、企业的体育和庆典等活动,只要有条件都会组织一场团体操表演,以增添热烈隆重的气氛,使观众得到美的享受和精神上的鼓舞。无论规模大小、表演时间长短,团体操均依照一定的主题内容进行,能较充分、具体地反映出某个国家、地区的历史文化。同时,随着现代科技的迅速发展,文化、教育、体育与艺术等各领域出现跳跃性变革,人们的审美素质不断提高,在各种文化交流不断扩大的背景下,团体操的表演更多地趋向文化融合的多元化,同时有赖于多种艺术的合成和舞美手段的科学运用。由于团体操具有丰富多彩的表演内容和强大的艺术魅力,各级各类运动会或节日、庆典活动,往往都以它来渲染气氛,为大会创造了一个隆重热烈、振奋人心的良好开端,同时借此机会宣传本国、本地区的政治、经济、体育、艺术水平,弘扬民族文化和体育精神。在整个团体操活动过程中,参与表演者和观众都会经历一次有意义的教育,并且也使不同的文化和科学技术得到了充分的融合与交流。

（二）团队精神、增进协作

团体操是一项大集体活动，从创编到排演，参与人数众多，其中需要组建多个团队，创作组、排练组、参演者、后勤保障者等都要做到精诚合作、齐心协力，充分发挥团队协作精神，确保每一个环节和整体表演任务的完成。团体操的排演过程，参与者更多地可以通过排练和表演，树立爱国主义思想和民族精神，增强集体荣誉感和组织纪律性，培养团结协作和吃苦耐劳的作风，发扬团队精神，强化协作意识。对观赏者来说，可以丰富文化生活，得到集体力量的启迪，得到心灵的震撼和美的享受。因此，学校把承接和开展团体操活动作为对学生进行德、智、体、美全面素质教育的一种好形式。许多企事业单位也把团体操作为凝心聚力、增强团结协作、树立企业文化与精神的良好选择。

（三）提高素质、强健体魄

团体操是一项强身健体的体育活动。徒手体操、健美操、艺术体操、舞蹈、武术等动作都可以作为创编的素材。参加团体操训练对提高人的协调性和敏捷性有特别明显的效果。团体操是讲究艺术性的文体运动项目，从事团体操练习还可以增强韵律感、节奏感，提高音乐素养，同时培养认识美、鉴赏美、表现美甚至创造美的能力。总而言之，团体操练习带给人们的是身体素质和文化艺术素养的全面提高。团体操动作多是全身运动，内容丰富的动作练习，会产生中小强度的运动量，因而能改善身体系统的功能，提高身体素质，增强体质。

（四）塑造形体、培养气质

美是团体操最明显的特点，其动作方法及表现形式均与"美"有关，坚持练习，经常保持正确的身体姿态和动作方式，消耗多余的脂肪，能有效地使练习者形成健美、匀称的形体，自然和谐的举止，端庄优雅的仪表。练习者平时注意保持良好的形态，久而久之，就会养成习惯。一个人不仅要注意形体美，还要讲究气质美，从长远来说，气质更为重要。有魅力的青春不可复得，而高贵的气质却不会因时光的流逝而衰退。团体操在塑造美的形体的同时，还可以培养良好的气质，提高审美意识和审美水平。锻炼能使人获得典雅庄重的气质、潇洒飘逸的神态和活泼开朗的性格。

（五）愉悦身心、陶冶情操

团体操是融体操、音乐、舞蹈等为一体的运动项目，它不仅能给人们带来健康，还能给人们带来快乐。观赏团体操表演是一种美的享受，亲身参加团体操排练与表演更吸引人。当你随着强劲、欢快的音乐，进行动作奔放、充满活力的健身操练习，挥洒自如地舞旗弄棒；当你随着优美抒情的音乐做着轻盈、优美、流畅的身体动作，迈着轻松、活泼、欢快的步伐，舞动柔软轻飘的纱巾时……这一切都是那么美，那么令人陶醉，不仅可以排除紧张、郁闷的情绪，还可以使人的身心得到全面、协调、健康的发展，并从中获得美的享受。同时，大家在一起锻炼，还有助于增进友谊，增强团队意识，融洽人际关系，使我们的生活气氛更加愉悦。团体操是一项观赏性很强的体育艺术性项目，可作为校园文体表演活动中的一项内容，它一定会给学生带来青春的喜悦和激情，鼓舞和激励他们更加热爱生活，努力学习，朝气蓬勃，不断进取。

二、团体操的审美价值

审美教育的目的就是促进社会成员在智力上、政治上、道德上和体格上的全面发展。团体操内容丰富多彩，它集中了体育、舞蹈、音乐、美术设计等多种艺术形式，是以追求美为目标的集体性表演活动。团体操的审美教育功能赋予团体操培养和提高人们审美能力的价值。审美能力是人发现、感受、评价和欣赏美的能力。人们通过优美的姿态，整齐一致的动作，在巧妙的队形图案里，绚丽的色彩里，优美动听的旋律中，美轮美奂的场景中，得到美的享受。团体操美的内容包括范围很广，主要体现在内容美、形式美、运动美、艺术美四个方面。

（一）内容美

团体操的内容美是构成团体操美的首要因素。一部团体操的主题内容决定了它的规模与表现形式，表达了团体操表演的社会意义和审美价值，同时决定了团体操表演的整体审美风貌。因而团体操需要确定鲜明的主题，选择一定的素材作为表现美的内容。社会发展、人类进步的典型，人物事例中美的典型，民族文化与美的传说典型等，都可成为内容美的选择素材。如人们常以松树、梅花、荷花的品格来比喻和赞颂人的品德高尚美，以和平、友谊、团结、进步为内容来表现人的愿望美，以科学幻想的情趣来表现人的志向美，以柔美抒情的动作表现少女个性特征美，以民族风采和文化、民间传说为内容来表现民族大团结的社会制度美，这些都是团体操的内容美所要选择的主要方面。

（二）形式美

形式美是指事物的外在表现形式给人的审美感受。团体操凸显主题的各种表现形式，是通过表演动作、队形与图案、服装道具，以及对声、光、景、物、人的全方位设计和高科技充分利用等形式美法则的运用，而形成了丰富多彩的表演形式美景，使人们观其形象、得其想象、动其情感。形式美只有在表现内容美时，才更能显示自己的积极性与能动性。换句话说，也只有通过美的形式，充分地、完满地表现了美的内容时，美的内容就会显示出巨大的吸引力量。

（三）运动美

运动美是团体操的基础，是团体操的最初表演模式，也是当今团体操表演的核心。选择各种体操类、舞蹈类和人体造型、队形图案相结合为主的集体动作，构成了团体操表演的基本内容。随着团体操的发展，运动美通过人体运动的艺术感情的动态性的操作过程表现人的本质。它包含了运动项目美、人体形态美、技巧技艺美、节奏韵律美等。团体操的运动美最突出的审美意蕴是将体育的健、力、美融合于运动之中。不同体育、艺术项目的动作和人体造型都较重视体现人的美的本质和美的规律，团体操通过动态和静态的动作形式展现了集体运动美。

（四）艺术美

艺术美是团体操的重要标志。团体操表演需要营造浓郁的艺术氛围，以增强艺术感染力。音乐、背景、服装、灯光及色彩等艺术装饰手段，以及现代高科技的演艺设备和技术，使团体操不仅具有独特鲜明的体育特色，还具有绚丽多彩的艺术魅力。艺术装饰手段虽然有其本身固有的艺术形式，但它们均构成团体操的艺术表演体系，都可用来完成反映团体操表现内容的艺术形象设计，形成团体操的独特艺术美。引入舞美手段和艺术装饰的综合运用，使团体操艺术美的标志更为鲜明靓丽。团体操美的内容是团体操的艺术价值所在，只有这些美的要素互相渗透、互相补充、互相融合，达到美的因素的有机统一，才能使人们感受到一种由集体的创造力而产生的磅礴气势，从整体上感受到一种体育精神和艺术境界的美。

第三节　团体操的分类与特点

一、团体操的类型

团体操发展至今，编排表演的形式类别日益丰富，按其结构、规模、表演场地大体可归纳划分为以下几种类型。

（一）按结构划分

1. 单场次团体操。单场次团体操是一场完成全部表演内容的团体操，时间较短。

2. 多场次团体操。多场次团体操是由多个表演场次组合而成的团体操。它可以是由一个主题贯穿连接多场次的表演整体，也可以是无内在联系的多场次的表演荟萃。

3. 行进式团体操。行进式团体操是在行进过程中循环重复某种表演的团体操。可以徒手，也可以持道具或在彩车上进行表演。

（二）按规模划分

1. 大型团体操。大型团体操一般有成千上万人参与，多场次，表演总时间约 1 小时或更长。

2. 中型团体操。中型团体操一般有成百人参与，单场或多场次，表演总时间 30~40 分钟。

3. 小型团体操。小型团体操一般有几十人参与，单场次，表演总时约十几分钟。

（三）按表演场地划分

1. 室内团体操。室内团体操是在体育馆、剧场、大会堂等地的表演台或场下表演区表演的团体操。

2. 室外团体操。室外团体操是在室外运动场或广场表演的团体操。

3. "冰"上团体操。"冰"上团体操是在冰面（天然或人造冰）上表演的如同"冰上集体舞"类的团体操。

4. 水中团体操。水中团体操是在泳池或人工特制的水上表演区内表演的如同"水上芭蕾"类的团体操。

以上这些类型的归纳划分，便于团体操的组织、编导、训练，便于研究人员更系统、全面、清晰地从不同角度与侧面去认识团体操，便于组织者从各自的需要出发，选择不同类型的团体操进行创编和组织表演活动。

二、团体操的特点

虽然不同类型的团体操各有其特点，但从团体操这一项目的整体来看，它的基本特点可归纳为如下几点。

（一）突出的团体表演性

团体操，顾名思义是一项团体性的操练活动。表演者少则几十人，多则成千上万人，一次性参与活动的人数之多是其他体育项目和文艺形式无法相比的。团体操的规模可大可小，程度可易可难，众多的参加者有可能胜任不同水平的表演要求，因而具有广泛的大众性。因为这种大众团体性的活动动用了千军万马，人、财、设备、场地等的需要相对多和大，且需众多人相互配合才能开展起来。所以，一般来说，团体操是为了完成某项特定的表演和庆典任务才组织排练的，是一项典型的大众团体表演性的项目，具有集体民众参与的突出特点。

（二）鲜明的体育艺术性

团体操在 19 世纪初步形成时期，演练时仅仅是一种在统一口令下集体做操的活动形式。随着时代的进步和团体操自身的发展，团体操的表演有了新的变化，其内容和形式日益丰富，艺术性也随之增强。团体操以体育尤其是体操类为主要表演形式，而能够为团体操采用的体育形式往往都是具有较多艺术成分的项目，如艺术体操、健美操、啦啦操、武术、花样滑冰、花样游泳、技巧、各色民族体育表演等。为了增强团体操的艺术和视觉效果，人们借鉴了大量艺术形式，引入了专业舞蹈、喜剧、音乐、杂技和时装等与时俱进的流行元素和内容，并采用了灯光、背景、布场等舞美手段，以及现代高科技的演艺设备和技术，从而使团体操不仅具有独特鲜明的体育特色，还具有绚丽多彩的艺术魅力。团体操发展到今天，已形成了许多独特的表演语汇（如"波浪"等），它以大广场为设计舞台，形成了自己较为完整、系统的编排理论体系，积累了大量的创作经验和成功的创作案例，很好地将体育与艺术融合于一体，成为具有强烈体育艺术性的广场群体表演项目，突显了体育表演的艺术性特色。

（三）实效的宣传教育性

团体操表演参与的人数众多，规模宏大，场面壮观，具有丰富多彩的表演内容和强大的艺术魅力，因此在我国和世界许多国家的各级各类运动会或大型庆典活动开幕式上，都以团体操表演来渲染气氛，创造了一个个隆重热烈、振奋人心的开场。团体操作为一个文化载体，可以传递和宣传国家、地区和城市的政治、经济、体育、艺术水平，弘扬民族文化和体育精神。团体操还具有多方面的教育功能，表演者可以通过排练和表演，树立爱国主义、国际主义思想，增强集体荣誉感和组织纪律性，培养团结协作和吃苦耐劳的作风，增强体质，提高审美意识和艺术素养。对观赏者来说，可以丰富文化生活，得到思想的启迪，得到心灵震撼和美的享受。因此，一些国家在学校教育中把承接和开展团体操活动作为对学生进行德、智、体、美全面素质教育的一种好形式。

三、团体操的表演风格与特征

团体操的设计编排需要考虑表演风格的定位，而后通过表演展现风格特征。是选择民族的、现代的、科技的、人文的，还是综合的主题表演风格，这需要根据实际的团体操表演目的任务确定，并通过一定的表现形式加以渲染和展现。从团体操创编的整体来讲，主题内容与具体的艺术表现形式共同构成了团体操的表演风格。通过表演者的动作、队形与图案变化，以及背景道具、服装场景等多种艺术装饰的和谐配合，采用多方面、多途径、多层次、多种形式的具象呈现出团体操风格的整体特征和独特风貌。

（一）团体操表演风格的构成

1. 主题内容。一部团体操确立的主题内容决定了它的规模与艺术形式，表达了团体操表演的社会意义和审美价值，因而也制约着团体操表演的整体审美风貌。所以，创编前必须要了解团体操表演的目的和要求，确定团体操的主题思想和风格特点。我国在二十世纪五六十年代团体操主题的政治色彩偏于浓厚，高度的国家化，多是展现国家的历史文化和意志，常用的主题内容是歌颂性的。表演者按照规定做各种体操动作，或进行队列变化，或组成有意义的图案。进入21世纪，中国的政治、经济、文化有了翻天覆地的变化，大型团体操表演形式的主题内容，从20世纪90年代注重对中华文化的传承和地域文化的发扬、弘扬体育精神和改革新风过渡到以人为本、全民参与、健康生活，主题不再受限于地域、国家，更多是彰显现代精神文明，例如，具有世纪性标志的2008年北京奥运会开幕式表演，2009年济南第十一届全运会开幕式表演。表演内容风格主要是以技术创新和独特理念的艺术形态叙事，彰显工业文化和艺术气息。

2. 表现形式。团体操表演必须有鲜明的主题内容。像民族运动会、农民运动会、绿色运动会等运动会的名称，就在很大程度上界定了表演的主题风格。明确了表演风格的定位，就要选择凸显主题的各种表现形式，对表演动作、队形与图案、服装道具，以及各种艺术装饰手段等形式因素进行安排与组合，以求最能体现团体操表演风格。通常在大型的团体操表演中要考虑能反映本民族、本地区文化特点的动作、队形、服装、道具、背景和音乐等。而在小型和学校团体操表演中则应通过适合于表演者年龄、性别特征、人群特征的表现形式来反映团体操的风格特点。例如，学校团体操表演中，儿童操、少年操是通过轻快、活泼的各种动作和小范围的队形变化以及欢快的乐曲，使人感到天真可爱；中学生通过刚健有力、大幅度的体操动作和有一定难度的造型及集体配合动作，则可形成朝气蓬勃的特点；中学女生通过柔和舒展、优美大方的舞蹈和集体配合动作，则可形成优美、欢快的风格。现代团体操表演多以文体结合的形式，更多体现艺术性和审美价值，通过对声、光、景、物、声、人的全方位设计和高科技充分利用，使气氛更热烈、场面更壮观、艺术性更强、风格更突出。

（二）团体操的风格特征

团体操艺术性的效应促进了团体操发展层次上的不断提高，使团体操表演从多方面、多途径、多层次、多种形式来体现主题，反映不同风格，但其总体的风格特征主要表现为以下几个方面。

1. 独特性。团体操属于体育艺术性的集体表演项目。但与其他表演艺术的风格特征有着明显的区别。团体操自产生以来，就成为一项公认的体育艺术性的大集体项目，虽然现在团体操发生了很大的变化，如体育与艺术的结合，吸收了歌舞表演艺术、造型艺术、音乐、杂技等艺术形式。但是，由于团体操是大众参与，并以自身动作和集体的队形与图案变化为基本表演要素，它仍然有别于其他独立的艺术形态。队列的各种操舞动作、队形变化和各种跑动与各种造型图案结合起来，在集体配合下完成表演，是团体操固有的表现形式。随着团体操的发展和表演实践的不断深入，多种艺术因素的融入与艺术装饰手段的综合运用，造成了团体操的表演形态是多种多样的，它使团体操朝着体育与艺术结合的方向发展。

2. 多样性。团体操发展的初级阶段是以徒手体操动作，用轻器械为主要道具，采用口哨代替音乐，服装则多用队服和校服，在表演艺术上比较注重动作的整齐划一和精神面貌。社会生活的变化与科学技术的发展，以及人们审美需求的多样化，推动了团体操表演多样风格形成。团体操表演风格的多样性特征更多体现在运用不同的艺术形式进行艺术形象的创造上。创编者不仅要从团体操特有的动作、队形与图案、服装、道具、音乐等表现方式和手段这一艺术语言层次进行创编，而且要对团体操的内在结构（主题与题材）的艺术形象层次进行构思与创作，使团体操表演形成了多样性的风格特征。例如，利用现代高科技的声、光、电的场景设计和舞美背景，不论是采用现场背景的合唱队演唱，还是以著名歌唱家现场配唱，都对表达与抒发团体操主题思想，使表演体现某种人文精神，达到一定的艺术意蕴，起到了很好作用。

3. 民族性。团体操表演风格的另一个重要特征，就是它常常具有鲜明的民族特色。越是民族的东西就越具有长久的生命力。因此，必须挖掘并改造适合于团体操表演的民族或民间艺术形式和内容，凸显团体操的民族风格特征。表演风格的民族性总是体现出民族的精神、性格和气质，体现出民族的文化、风俗和习惯，体现出民族的审美理想和美学传统。例如，同样选择舞蹈动作作为团体操表演题材，我国是多民族国家，有各种丰富的民族舞蹈素材，各具风格。此外，服装、道具、音乐、场景等都可最大程度地表现民族特色，表现出不同的民族风格。

思 考 题

1. 团体操的概念是什么？
2. 团体操类型有几种？划分的依据是什么？
3. 简述国外不同国家团体操的特点。
4. 简述新中国团体操发展经历的几个重要阶段和特点。
5. 构成团体操表演风格的因素和特征有哪些？
6. 简要综述团体操的价值与作用。

第二章 团体操创编理论与技术

【内容提要】

本章主要从实用、简练的角度,概括介绍团体操设计创编的步骤、方法和原则,重点分析和介绍团体操队形图案、表演动作设计创编的基本知识、特点以及具体的方法技巧。

【学习目标】

1. 学习并掌握团体操设计创编的特点和步骤与方法。
2. 了解团体操设计创编的基本原则和基本要素及应注意的问题。
3. 掌握团体操构成中具体的队形图案、表演动作设计创编的方法和技巧以及正确的创编途径,提高学习者实际的设计和创编能力。

第一节 团体操创编理论与程序

一、组建创编团队与分工

创编团队(总编导组)的主要工作任务就是严格按照活动的主题思想,负责规划团体操的整体构思;创编各种形式的操舞、不同风格的表演动作、队列队形及各种图案;组织和实施训练工作,指挥表演等。要使表演活动达到预期的目标,需要各个环节的衔接配合。因此,第一项程序和首要的任务要组建创编团队,然后根据表演任务与要求进行团体操的设计和创编,完成总体构思与实施方案。

主创团队(编导组)的组成与职责:

组建一个精干的创编组织机构是完成团体操表演任务的重要保证。团队机构的大小需根据表演的任务与规模而定。一般创编团队成员是由执行策划1~2人、总编导1人、执行编导1~2人、分场编导4~10人、音乐创编1~2人、舞美(艺术装饰)1~2人、撰稿(文案)1~2人组成。

创编的模式一般是在大集体研讨的基础上,通过分场次(章、节)的具体创作,再到大集体汇总,统一思想,协调细节,最后确定方案,撰写成文字、图表手稿。具体的分工任务如下：

执行策划：确定团体操的主题思想；确定团体操的表演形式与规模，表演时间与地址，参加单位与人数。

总编导：负责规划团体操的整体构思，确立表演形式的架构，包括思路、主题、风格及表演形式，细分场次（章、节）。

执行编导（分场编导）：根据各场次（章、节）的主题思想和表演形式的基本要求，设计动作、队形、图案、表演风格、道具、服装、音乐以及参演人数等，创编各种形式的操舞，不同风格的表演动作、队列队形与造型及各种图案变化。

音乐创编制作：以团体操的整体构思与主题思想为依据，根据各场次创编的表演内容要求，进行音乐的选择和创编制作。

舞美（艺术装饰）：根据主题思想以及各场次（章、节）的表演形式、反映的内容、色彩等，进行场景、背景、灯光、服装等的设计，绘制各种服装图案，进行道具与颜色调配、整体布局与背景搭配等，并具体实施。

撰稿（文案）：根据设计创编方案进行文字记写说明，绘制图示、制作PPT演示稿，以及撰写解说词和串场词。

二、创编的总体设计构思

团体操主创人员在创编一部团体操之前，首先要有一个总体构思，即对一部团体操进行初步的整体规划设计，这是进行创编活动的前提。

团体操总体构思不是具体的动作与队形图案的设计编排，而是一种形象的思维活动和总体框架结构的规划。具体步骤如下：

（一）理清创编思路

团体操创编是一个综合性的艺术设计过程，是一项较为复杂而烦劳的脑力和体力相结合的系统工程。设计和创编工作的好坏直接关系到团体操最终的表演效果。主创团队在创编时一定要考虑周到、细致，力求表现手法巧妙、新颖。因此，在着手创编前，首先要统一认识，理清思路，明确创编的内容和风格。每一位创编人员都有一系列的创编元素和想法缠绕在头脑中，如何确定和实现要进行梳理筛选。主要有以下因素：

动机，即能够引起创编者创作兴趣或激发创作激情的触发点。

主题，是团体操的灵魂，即创编者想要如何表现，取得什么样的效果或展示的内容等。

形象，即活跃在创编者头脑中的集体动作、队形与图案、旋律、色彩、服装、背景等场面符号因素。

视点，即创编者从哪个角度和以何种手段去贯穿以上三个因素，理清创编思路。

以上因素对创编者从整体思路上把握团体操创编内容和表演风格起决定作用。然而，创编思路还仅仅是一部团体操的设想，是一种构思的主观想象。对一部团体操的总体构思，还要依据表演的任务、客观条件等实际情况进行设计和创编。

（二）明确创编依据

团体操的形式多种多样，规模可大可小。大到世界性和全国性的运动会的开幕式团体操和文体表演，小至学校、企事业单位的庆典活动或运动会的团体操表演。所以，对团体操的总体构思与创编，一方面要依据表演的目的任务和要求来选择主题思想，确定组织表演方案；另一方面要依据承担的表演任务和表演人员情况（人数、性别、年龄、身高等）、场地（室内、室外、运动场等）、经费和训练时间等客观条件来确定表演的规模大小、场次多少、创编内容、动作难度以及服装、道具、背景、音乐等艺术装饰的综合运用程度。

（三）确立主题思想

主题思想是总体构思中首要思考的环节。不论是大型还是小型团体操，都有明确的主题及鲜明的思想性。因此，主题思想是团体操的灵魂。每一场操都有它的中心思想，它是根据主题思想确定的，主题思想是通过各场操的中心思想来表达和烘托的，而中心思想又是决定一部团体操的内容、风格特点及表现形式的关键所在。因此，主题思想一定要明确，它决定每一场操的内容及表演形式，为队形与图案、动作创编、场景布置等提供依据。如广州第十六届亚洲运动会开幕式大型文体表演《起航》以"水"为主题，全力打造水文化。广州是一个逐水而居的城市，水孕育了广州独特的地域文化。独特的表演场地带来了艺术表演形式和内涵的深刻变化。整场开幕式文体表演从"一滴水"开始，在充满童年记忆的广东民谣《落雨大》优美的歌声中，从一滴水到汪洋大海，从一叶扁舟到巨型帆船，从一汪清水到滔天巨浪。演员在水下、水面、空中、江上，运用各种表演手段尽情展现水的魅力，表达水是生命之源、滋养万物、呵护人类文明的精神内涵。第十二届全运会是近三十年以来首次在白天举办的开幕式，《全民健身展示》本着"全民参与、回归体育、节约朴素"的办会指导思想，以"全民健身、共享全运"为主题，以"蓝色海洋"为主色调。辽宁是中国东北唯一的沿海省份，转身向海、对外开放已成为近年来当地经济发展的新理念。因而在本届全运会开幕式上，海洋的蓝色也就成了现场最为鲜明的颜色。回归体育的开幕式展演虽不见豪华灯光、奢侈舞美，但体育爱好者的表演却质朴、天然，队列方阵和旗语方阵整齐划一、变化多样，舵轮造型、特定旗语展现了当下辽宁"转身向海"、扬帆远航的振兴壮志，表达了中华儿女意气风发的"圆梦"豪情；舒缓优美的乐声中，太极扇、太极球和武术等群众健身项目的表演，刚柔兼备地释放了中华文化博大精深的魅力；千名大学生表演的第九套广播体操，展现了群众参与最为广泛的健身项目，勾起了现场观众的集体回忆和强烈共鸣；啦啦操、竞技操、搏击操等健身操展示风格时尚、激情强劲，充满青春活力，充分展现了第十二届全运会"全民健身、共享全运"的主题。此外，北京奥运会大型文体表演《美丽的奥林匹克》以及《全民同庆》《革命赞歌》《红旗颂》《新的长征》《奋斗》《凌云志》《爱我中华》《祖国万岁》《盛世中华》《时代交响》《和谐盛世齐鲁情》《全民健身展示》等历届全国运动会的大型团体操和文体表演也都有鲜明的主题。这些主题思想均以当时的政治背景，展现了国家建设的辉煌成就，人民的幸福安康，经济的繁荣，政治的稳定，歌颂民族团结、友谊等主题。小型团体操的主题思想内容同样精彩丰富，积极向上。例如学校的校庆、运动会的团体操表演，它从一个侧面反映了学校生活，展现出欢乐的校园，学生的舞动青春、勤奋学习、奋发向上、刻苦锻炼、勇攀高峰、立志做国家建设的有用人才等主题内容。

（四）选择表演题材

题材是表现主题的内容基础，是主题的具体表现形式。只有选择恰当的题材，才能集中和鲜明地凸显与展现主题思想。题材具有多样性，但选择题材时要注重典型性和可行性。典型性是指选择最能反映主题思想的典型事例。在创编时需要观察或体验社会生活，从中汇总提炼典型材料作为题材。如举办厂矿企业工人运动会开幕式，首先考虑选择贴近工人工作和生活的题材，工厂车间的场景和不同工种工人的典型动作均可提炼为团体操的背景与表演动作，把工人的辛苦工作、创造社会财富作为典型题材，歌颂工人爱岗敬业、追求健康，弘扬企业文化和精神，表达广大工人热爱生活和快乐工作的主题。可行性是指选择题材是否能被团体操的表演手段所运用与表现。如学校举办运动会，一般会选择学生锻炼身体的素材，像整齐划一的广播体操表演，既能表现学生健康苗壮成长，幸福快乐生活和组织纪律性的主题，又有可能通过队形图案与其他艺术装饰的手段来表现主题。所以，这一题材具有可行性，常被作为首选。

选择题材要进行总结和提炼，根据主题与要求进行"去粗取精"的分析，切合实际地从中选择具有代表性，最生动、最深刻，又适合团体操表演的素材。用于团体操表演选择的素材是大量的、丰富的。一个题材可以选择多种素材，例如，

"我健康、我快乐"健身锻炼的题材，可以用健美操、轻器械操、球拍操、游戏表演等多种素材内容。在选择了某个素材后，通过对主要内容的选择（包括主要动作、队形图案等），以及服装、道具、音乐、背景等艺术装饰手段的综合运用，提炼加工，形成鲜明的表演艺术风格，彰显和丰富主题思想。

（五）拟定框架结构

框架是根据团体操表演的主题需要和团体操的风格特点、表演内容进行的整体构思与结构安排的总体构架。团体操的结构是按照总体构架对各个组成部分进行有层次、有重点、有高潮地表达主题的一种具体的排列状态。通常一部团体操的结构，可称为总体结构。每一场团体操的结构，称为场次部分结构。团体操总体结构的基本排列模式一般可为：序幕—第1场—第2场……尾声或第1场—第2场……第4场……场次部分结构的基本排列模式一般为：进场—表演—退场。

团体操的总体结构，根据团体操主题的不同、题材的差异、规模的大小等，其结构模式并不是固定不变的。例如，当某一场次团体操表演完了，表演人员不变可以不退场，其结束队形与图案造型，可直接连接下一场次的表演。再如，单场团体操也可以根据表演需要以短暂的来自不同方向的队伍穿插与流动或装饰物的展示和大型图案造型等作为序幕和尾声，配合主题团体操表演，形成完整的团体操表演结构。

团体操的表演结构模式基本确定后，就要按表演的场次与顺序，设计确定参加表演的人员和人数（包括各场人数和总人数以及男女数量），计算表演的大致时间（包括各场时间和总时间），设计和选择每场表演的服装、道具、音乐、背景等以及主要队形、图案和动作等。团体操表演总人数的预计确定是根据每一场表演的人数和背景所需的人数汇总计算，而每场表演人数要根据表演内容的需要和场地的大小来确定。根据表演主题和内容需要，考虑是由男生表演，还是女生表演，还是男女共同表演，是成年人表演，还是少儿表演。根据场地容纳表演人数计算，如在标准田径场表演，确定每人的前后左右的间隔距离均为2.0米，就可以安排横队40人，纵队30人，全场可容纳1200人。如果设计横队的间隔为1.0米，纵队为2.0米，就可以安排横队80人，纵队30人，全场可容纳2400人。所以，队伍的间隔与距离越小，全场容纳的人数越多。但这要视创编需要与不妨碍表演动作等实际情况而定，还要考虑团体操表演规模大小，创编的表演形式等，人数可多可少。

团体操表演的总时间是根据各场次的表演内容、选择的音乐进行大致的估算。一般来说，一场的表演时间不宜太长，约6~12分钟为宜。中、小型团体操一般分场表现中心思想的设计 3~5 场，需 30~50 分钟；如几场连续表现一个主题的中、大型操也只能控制在 1 个小时左右为宜。

团体操表演的总体设计构思仅仅是大致的轮廓和设想，在创编中可根据实际情况调整和改变。

团体操拟定框架结构方案基本确定后，需要用文字或其他方式（PPT）记录下来。设计构思的具体实施方案记写的主要内容包括：

1. 标题与主题思想：标题包括一部团体操的总标题与各场次的分标题。主题思想是团体操的总概括，各分场次通过具体的相对独立的形式和内容表达、烘托主题。

2. 表演时间：日期（年月日）、时段（上午、下午还是晚上表演）、时长（表演总时间和分场时间）。

3. 表演场地：地点（在哪个地方表演）、场地（总场地和分场场地的设计与要求）。

4. 表演人员：包括一部操的总人数，各场操的人数及表演对象与性别。

5. 表演服装与道具：说明穿什么服装，持什么道具。

6. 表演内容：用表演术语或文图记写说明各场、各段的表演队形、动作和造型等设计。如有背景表演，还要指出背景有几部分组成和背景图案。

7. 音乐选择：说明是用什么样的音乐旋律、乐种、样式与题材，包括创作还是选曲制作。

第二节　团体操创编设计要素与原则

一、团体操创编设计要素

团体操创编的具体设计是根据团体操总体构思和框架结构，针对每场次的具体表演内容进行设计与编排的。具体包括表演风格的设计、主体表演设计、进场设计、队形变化设计、动作表演设计、时间变化设计、造型图案设计、服装道具设计、音乐设计、退场设计等主要形式。以上内容形式设计是构成团体操最基本的要素，是团体操创编的具体工作任务。

（一）表演风格的设计

表演风格是根据主题思想、表演总时间、表演总人数确定之后进行的设计工作。表演风格形式多样，通常包括：反映当代大学生充满青春活力，把青春献给祖国为表演风格的设计；反映军人刻苦努力训练，报效祖国为表演风格的设计；

反映各行各业勇于创新、刻苦钻研、勇攀高峰、科技兴国为表演风格的设计；反映少年儿童活泼可爱、茁壮成长的表演风格的设计等。

（二）主体表演的设计

主体表演也可称为场内表演，它的设计是在运用多种表演形式的基础上，将一场操的内容具体地分成几个段落，采用多种手段，有层次、有高潮地展现主题，反映当地文化、风貌、特色和反映该操主题风格的表演。它是团体操的核心部分，也是创编工作的重点。

（三）进场设计

进场设计是为主题表演服务的，是根据每一场的主题中心思想内容，决定以什么样的队形、路线、动作和步伐进入表演场地。新颖而独特的进场设计既可反映团体操的主题思想和风格特点，又能扣人心弦地把人们带入团体操表演的意境中去。进场的队形、路线、动作要根据场地条件、出入口的位置、数量和大小来设计。

（四）队形与动作设计

队形与动作设计是围绕主题思想与表演风格进行的，是确保主体表演成功的关键。表演者的动作变化仅能视为一种点的变化，唯有队形变化方能产生大场面、大效果的线和面的变化。队形和动作相辅相成，在设计过程中，一般是先考虑队形然后编排动作。

队形设计的程序是先在白纸上构思设计能体现该场操的主题内容的画面队形（包括入场、退场），经审定后，把画面图加工后画在坐标纸上，成为可供训练参考的实施图。

1. 根据表演内容设计队形，有利于点明主题，表达特定的场地气氛和恰当的意境。

2. 遵循对称、均衡、比例、统一和多样化等形式美法则，注意利用各种点、线、形的特点设计队形，并力求创新突破。各场队形要特点鲜明，给人以更高的艺术享受。

3. 考虑观众台的高度，队形设计注意透视效果清晰、变队鲜明、巧妙、流畅、快捷。

4. 设计的队形要有利于显示动作效果，发挥道具特点。动作设计是在已设计好的队形上创编表演动作，包括定位动作和变队动作。把创编好的动作写成文字说明，绘制成动作简图，以避免遗忘及供日后训练时使用。

5. 体现民族、地方、时代特点，使不同场区、不同场次的表演具有鲜明的个性。

（五）造型图案设计

它是围绕主题与风格，在队形设计的前提下，进一步设计队形变化构成的造型图案，以及根据造型图案需要考虑造型表演动作。

（六）服装道具的设计

服装道具的确定或设计是根据表演主题、风格和表演者年龄、性别进行设计的。中、小型团体操创编一般采用先确定使用道具、服装，再设计其他表演。道具、服装设计还要注重大效果、色彩鲜明，以便与动作的变化相匹配。

（七）音乐设计

音乐在任何团体操中起着极为重要的作用。它不仅能有效地烘托团体操的气氛，抒发团体操的感情，突出团体操的主题，而且是团体操自始至终的指挥信号。因此，音乐的设计或选配应具有时代感，通常采用选配方式进行编辑设计，先创编音乐，再创编表演动作。音乐设计要求清晰、节奏鲜明、速度适宜、气势宏伟。

（八）退场设计

退场是团体操表演的一部分，是表演高潮的余波和一场操的结束，一个好的退场会给人们留下深刻的印象，每场操的退场要起到承上启下的作用。退场设计一般是在表演最后一个队形或图案的基础上，考虑集中、迅速、有规律等因素而设计的。

二、团体操创编原则

团体操的创编是一项较为复杂的综合性创作工作。团体操表演的目的不同，其主题思想、表演内容、表现手法也就不同，但团体操的创编绝非无章可寻。团体操创编原则，是指在创编团体操过程中应当遵循的一些最基本的法则或准则。

（一）主题性原则

鲜明的主题思想是团体操的灵魂，主题思想将贯穿全操。主题思想又是全操的总纲，使丰富的表演内容分清层次，突出本质，形成一体。因此团体操应具有鲜明主题思想。例如，第三届全国农民运动会大型团体操《民以食为天》第一场"大地之子"的主题思想是：描绘了人类与大自然的依存关系和人类为生存、发展的拼搏精神。第四届大学生运动会开幕式上表演的大型团体操《极目楚天舒》中"校园曲"一场的主题思想是：年青大学生带着校园绿色的风，唱着耕耘甘甜的曲，走向社会，奔向未来。第十一届全运会开幕式《和谐盛世齐鲁情》在第一篇章"齐鲁魂"中，"雄峙天地""长河入海""圣贤之光"三个部分表现了泰山拔地而起、黄河磅礴入海、孔子圣洁降生，充分体现了山东"一山一水一圣人"的恢弘气势和独特的文化氛围，山东文化元素主题得以充分展现。第十二届全运会开幕式《全民健身展示》，以"全民健身、共享全运"为主题，体现了"全民参与、回归体育、节约朴素"的办会指导思想。团体操中的一切内容都是为主题服务的，而一定的主题又寓于一定的内容之中。团体操的内容主要是通过体操动作、舞蹈动作、队形变化、组字、组图案并配以背景、音乐和服装道具等手段来体现的。团体操的动作是反映主题思想最直观最形象的肢体语言。因此，在创编团体操动作时应紧扣主题思想，力求动作与操的主题一致。小朋友活泼欢快的徒手动作和栩栩如生的模仿动作能表现少年儿童茁壮成长的幸福生活；刚健雄壮的动作能反映工人坚强有力，勇于进取，不畏艰难的精神风貌；柔和优美而又抒情的动作能唤起人们对祖国未来的美好憧憬，讴歌现实生活的真、善、美。

团体操表演必须有鲜明的思想性，团体操所表现的主题思想应积极向上，催人奋进，为社会精神文明建设和物质文明建设服务，为国家安全建设服务，为建立和发展各国人民之间的友谊、维护世界和平服务。主题要紧扣时代脉搏，具有强烈的时代感。通过它可反映民族的精神面貌，弘扬民族文化，颂扬社会的发展进步和国家的繁荣富强。

（二）艺术性原则

团体操融入了大量表演艺术元素，具有欣赏价值和审美教育价值。团体操丰富的艺术性，使团体操表演更具有艺术魅力，以唤起人们的审美意识，促进人类精神文明的建设。在团体操创编中，单一地应用体操或体育表现手法，往往不能全面生动形象地反映主题思想。为了获得良好的表演效果，应广泛借助于音乐、舞蹈、美术等艺术形式使场内表演和背景画面、音乐伴奏密切配合，才能更加深刻地反映主题思想，使团体操表演更富有强烈的感染力。

团体操的音乐、服装、背景、道具等艺术装饰，可以体现团体操艺术水准、艺术品位、艺术风格。它们以各自的艺术形式和风格，给表演增添光彩，突出团体操的主题思想，增强感染力，给人们以美的感受。音乐是团体操的"灵魂"，起到指挥全场表演、烘托主题和气氛、增强表演效果的重要作用。音乐还有助于突出团体操的风格和特点，启发表演者，使动作轻松自如、整齐一致，使观众受到优美旋律的陶冶，得到美的享受。音乐要根据团体操的主题思想、风格特点等进行创作和选择。例如儿童歌曲音乐、励志歌曲音乐、民族歌曲音乐等都可以对应团体操的主题，表现儿童天真烂漫、幸福成长，表现青年人积极向上、锐意进取，颂扬祖国悠久历史和灿烂文化。服装、道具和背景的选择也应根据表演的需要来确定。通过各种样式、颜色的调配，配合相应的动作，有助于突出主题，表现团体操的独特风格，增加色彩和热烈的气氛；背景可以使场内表演内容更加具体化、形象化，扩大表演的范围和气氛，与场内表演有机配合，互相补充。

在创编中还要注重团体操的美感。团体操表演既是对美的一种展现，又是美的教育和熏陶。通过团体操的表演、观赏，表演者与观众在思想上产生沟通。观众通过鲜明、生动、形象的艺术欣赏，自然地在愉悦中接受美的教育。团体操的创编应注重塑造精神美、人体美、运动美、服饰美、音乐美，只有把人的内在美与外在美和谐统一地表现出来，才能给人留下最深刻的印象和美的艺术感受，从而形成艺术的具体表演内容。

（三）典型独特性原则

团体操表演内容的典型化，使团体操的主题以最直观、最形象的方式表现出来，通过典型内容增强团体操的感染力，引起观众的共鸣。具体体现在表演动作、表演队形与图案等方面。因为团体操的表演动作、队形与图案是反映主题思想的主要载体。由于表演的主题思想不同，表演的内容也就各不相同。只有通过具有典型意义的动作内容、队形、图案，才能更加准确地体现出表演的主题思想。第四届全国大学生运动会上表演的团体操"青春颂"一场中，创编人员将"恰恰舞""伦巴舞"等体育舞蹈的典型动作作为本场团体操的主要动作，充分反映了高校丰富多彩的课余文化、体育生活，体现了大学生的艺术修养与高雅的情趣。第十二届全运会开幕式《全民健身展示》，千名大学生表演第九套广播体操时，现场数万观众仿佛被带回学生时代，这是他们当年每天必经的运动节目，这是全民健身、全民参与的典型题材。

独特风格是创编团体操应遵循的另一原则。如果一场团体操没有独特的风格，它便成了过眼云烟。既不可能吸引观众，更不会给人们留下深刻的印象。翻开我国团体操的发展史，凡给人们留下了深刻印象的团体操表演，都有其自身的独特风格，或是气势宏伟令人荡气回肠，或是表演优雅清秀令人陶醉，或是动作刚劲有力震撼人心，或是活泼欢快喜气洋洋，或是充满现代气息，或是古朴典雅，或是民风民俗、地方特色显著。只有内容题材典型、表演风格独特的团体操才真正具有强大的生命力和感染力，才能给观众留下深刻的印象，从而达到表演的目的。

（四）综合多样性原则

团体操本质就是融体育与艺术为一体的综合性文体表演项目。通常情况下，表演场面较大，参加人数较多，动作内容丰富，主题思想的内涵广泛。在创编过程中需要借鉴艺术表演的多种内容和多样的形式，按照团体操特征与要求，合理运用对比、对称、主从、均衡、参差、比例、整齐划一等多样的形式，采用虚构、夸张等不同的表演手法，形成一个内容与形式和谐统一、艺术完美并富有创意的综合完整作品，使团体操表演五彩缤纷、生动形象，令人耳目一新。在具体的队形上不仅要遵循传统经典的变化规律，又要大胆创新，巧妙运用大面积的聚散与分合的队形穿插，以最小的移动获得最大的整体变化效果。在注重整体效果的同时，还应使局部表演具有相对独立的意义。处理好虚构与写实的关系，运用虚构激发人们丰富的想象，动作写实以直观形象的方式生动地体现表演的意图。在创编中除了应充分运用人体运动的表现形式外，还应综合运用与表演主题思想一致的其他艺术形式，如音乐、美术、服饰、色彩配合等，来烘托气氛，深化主题，在综合统一的前提下充分体现具体变化的多样性。

第三节　设计创编团体操队形图案

队形图案是构成团体操表演的两大要素之一，也是团体操创编中的重要组成部分。队形与图案的设计要为表现团体操的主题内容服务。同样，队形与图案的构思变化形式，也要更好地揭示团体操的主题内容。因此，表现的内容与构思的形式是和谐统一的。队形与图案设计的好坏，直接关系到表演的效果。根据团体操的内容要求，在场面上构成各种多样的队形与图案，这些队形与图案是靠表演者的移动来连接、组合与变化形成的。所以，没有队形与图案的变化，就不可能有团体操的表演画面。对于不同的主题内容，进行队形与图案设计的思路也不同。队形与图案的设计应依据操的主题内容而选择相应的变化形式，而形式又能反作用于内容，使之更好地表现内容。

一、队形图案设计原则

（一）图案布局要合理、美观

团体操表演中组成的各种图案是相对静态表现的画面，应具有较强的艺术性，依据艺术形式美的平衡和对称基本法则，团体操表演过程中所组成的图案画面要体现场面稳定、画面协调的整体艺术感。一般大型图案是以场地中心为轴心向四周扩散的构图，做到上下平衡、左右对称，形成自然的舒展平和的气氛，使图案画面布局合理、清晰、有庄重感。穿插变化的小型图案可根据表演内容和形式灵活设计与布局，充分体现图面的个性风格和动感变化，发挥小型图案活泼多变的优势，合成优美的表演场面。

（二）图形变化力求自然、美妙

团体操设计创编表演动作的队形多种多样，需要在表演过程中不断变化形成各式各样的队形队列图形，由队形变化构成的图形同样可以构成唯美的表演画面。因此，队形变化的自然流畅会让人有一种水到渠成的舒畅感，图形的组成要体现自然美妙的变化。设计编排必须认真考虑各图形之间的组合能反映前一个队形的变化为后一个图形的变化打下基础，后一图形的出现是前一图形变化的必然，使构图的组合变化既自然又巧妙。例如，散点队形变化为若干个圆形，可以考虑它们之间加上过渡队形。即，先由散点变成纵队，再由纵队变成"十"字形，然后再变成圆形。构图时常运用以标志点为基础的设计方法，然后计算各图素变化时的步数（成人与儿童的变化步数不同），使队形的变化有规律地自然过渡，达到巧妙、迅速、多变的效果。

（三）队形排列要注意视觉效果

在设计安排表演队形时要以主席台的高低为准来考虑各表演者之间的站位，合理的确定排与排、路与路之间的间隔与距离，使之既适合于做动作又能使观众看清队形，过稀或过密都会影响表演和视觉效果。一般来说，在设计横排队形时，表演者之间的间隔较小，而排与排之间的距离要大些，设计纵队时则相反。在正规的田径场上进行团体操表演时，排与排之间距离要在4.0米以上，队形才较清晰。设计变化的各种图形的队形站位，要根据所组成图形的特点选择人与人恰当的间隔距离，以不影响完成动作为准，同时还要考虑图形与图形之间的呼应衔接，纵横对称的平衡协调以及不同视角观察到的效果。

（四）队形设计要考虑道具服装特点

团体操表演所选择道具的种类很多、大小不一，因此，为了不影响动作的表演，队形设计时要按道具的大小和形状来确定队形之间的间隔与距离。此外，道具与服装都有一定的色彩装饰。设计时应避免一个队形上色彩太杂，而影响画面的整齐感。例如，身着不同颜色服装、手持不同色彩道具的男女相间站成散点队形变成"十"字队形。如果不先把男女分开，那么每个"十"字形都有男女，色彩显得杂乱。如果同场表演使用不同的几种道具队形设计要考虑道具的使用特点和空间范围，确保完成动作不受干扰和影响，队形的构图要道具统一、协调美观。

二、队形图案的构成法则与运用

团体操设计创编和现场表演中队形与图案不是两个独立的概念，队形与图案是相互融合、相辅相成的，队形变化的图形是某种意义上的图案，在图案的构成变化中包含着队形的因素。因此，团体操表演队形图案的设计编排总体不能分开，而应相互结合通盘考虑与设计。

（一）图案的基本构成

团体操图案的构成是队形变化和移动的路线所形成的图形画面。构成图案的基本元素可称为图素，它是图案构成的基本单位。它包括点、线、面三个基本形态。

点、线、面构成了图案的基本形态，同时也是团体操队形图案设计的基本要素。但由于"点"在团体操队形图案中有特殊的性质与用法，也就是说所有队形图案都是由"点"构成，设计好的队形图案与变化最终要落实到基本点上。按照队形图案基本图素中的线与面可分为以下几类（见表2-1）。

1. 线的图素：包括直线、锯线、弧形曲线、S形曲线、涡线等。
2. 面的图素：包括方形、三角形、菱形、多边形、花瓣形、圆形等。
3. 象征性图素：包括具有象征意义的图形和专用符号等。

表2-1　　　　　　　　　图素的线面分类

类别	形态	类型
线的图素		线
面的图素		方形
		三角形
		菱形
		多边形
		花瓣形
		圆形

续表

类别	形态	类型
象征性图素	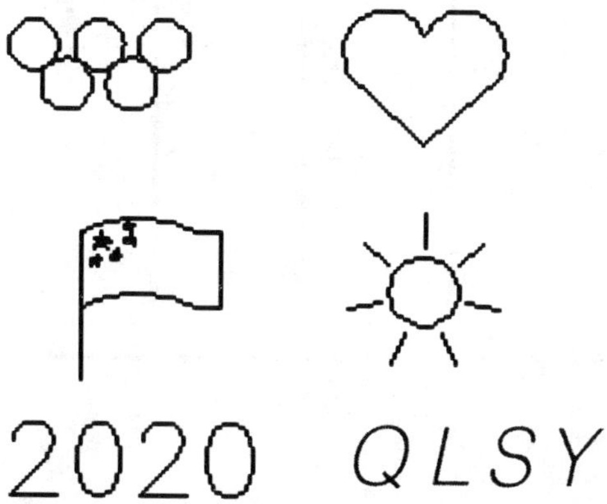 （奥运五环、爱心、国旗、太阳图案及"2020 QLSY"字样）	综合

（二）队形图案的类别

团体操表演是以众多人组成的多种多样的队形图案来表现团体操的主题和风格，形成美丽壮观、大气势的表演效果。因此，队形图案是团体操最具特色的构成要素。团体操的队形图案种类繁多，变化万千。根据队形图案构成的点、线、面基本图素，归纳起来，可将最基本的团体操表演队形图案分为入场队形、散点队形、线条队形、块状队形、表演图案以及退场队形等几种类型。

（三）各种队形图案的特点与运用

1. 入场队形。新颖而独特的进场既可以反映团体操的主题思想和风格特点，又能扣人心弦地把人们带入团体操表演的意境中去。例如，用放射性队形跑步进场，同时两臂高举（或持道具），并配以欢呼声，可以表现热烈的激情，欢快的气氛。因此，入场应根据团体操的内容和风格，来选择相应的队形变化路线，动作与步伐等。

设计进场的方向与路线，可按不同的队形，可以从正面也可以从两侧或四角等进入表演场地。方法上可以选择依次的、同时的、分散的、集中的等等。如图2-1至图2-14所示。在行进中采用分队走、并队走、改变方向走或跑等形式，使表演一开始就吸引观众。

（1）从正面入场：

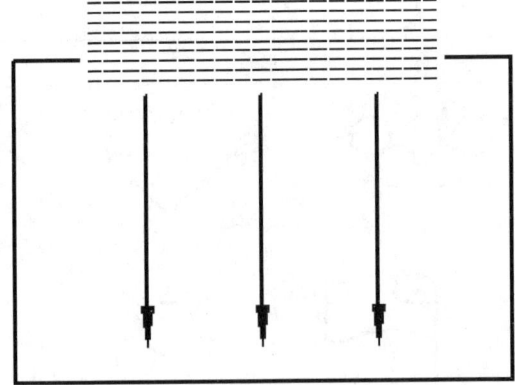

图 2-1

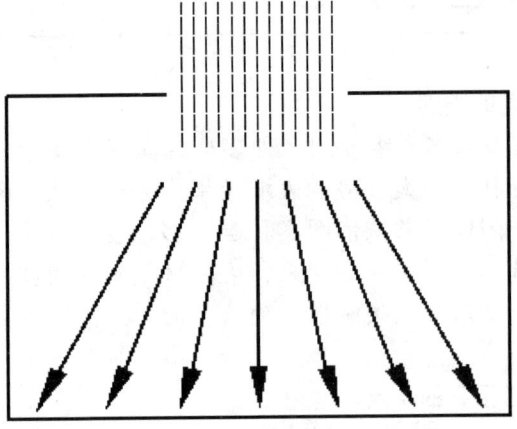

图 2-2

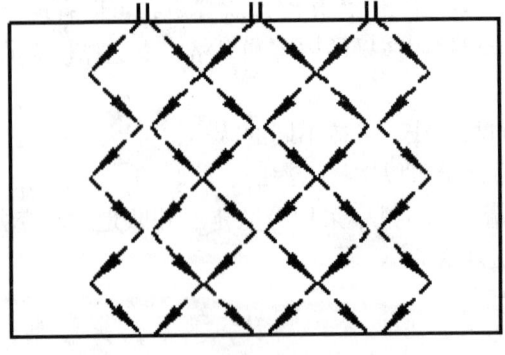

图 2-3

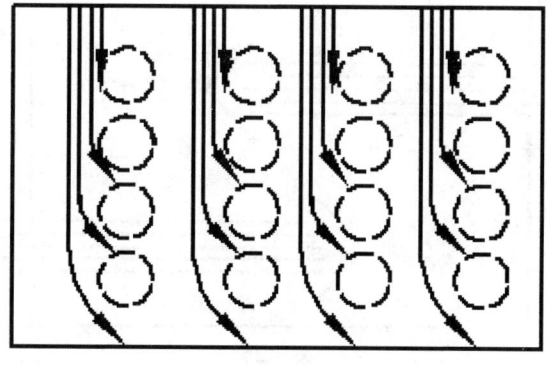

图 2-4

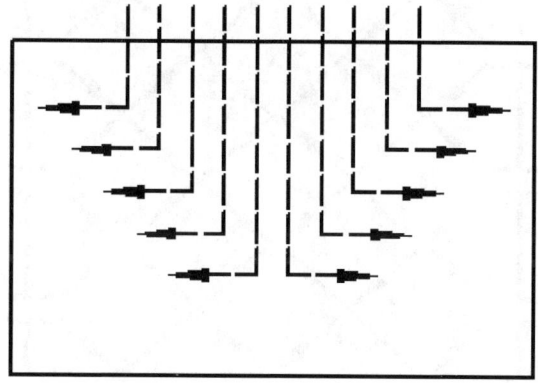

图 2-5

(2) 从两侧入场:

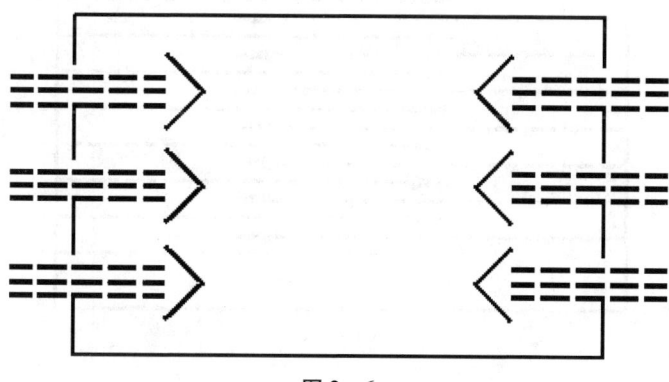

图 2-6

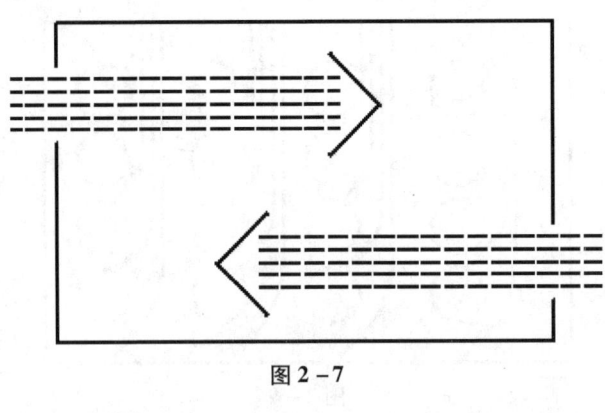

图 2-7

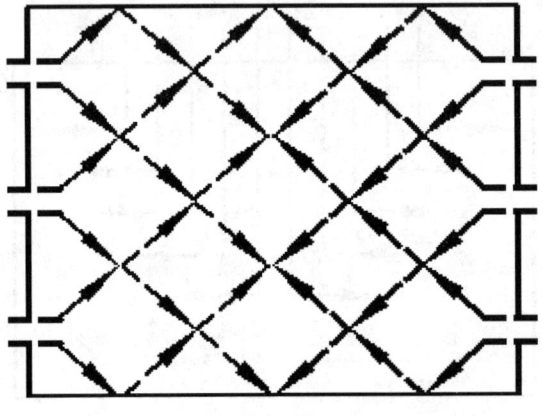

图 2-8

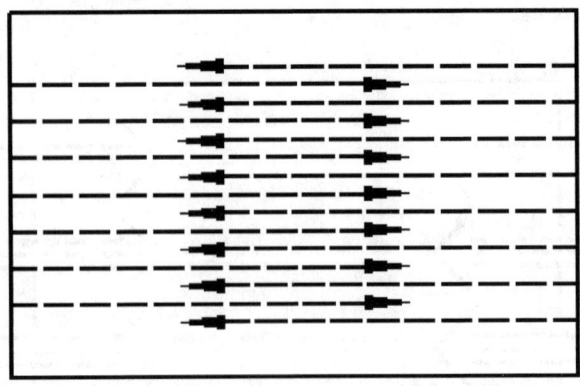

图 2-9

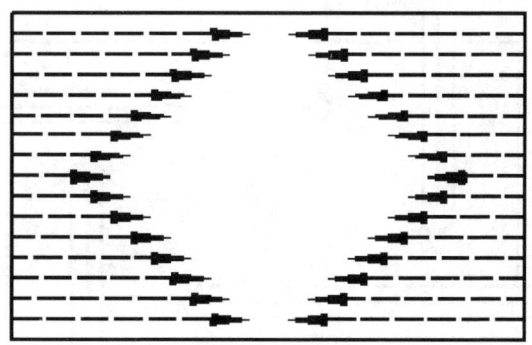

图 2-10

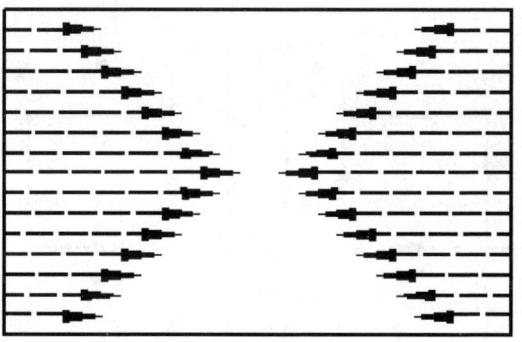

图 2-11

(3) 从四个角或四个方向入场：

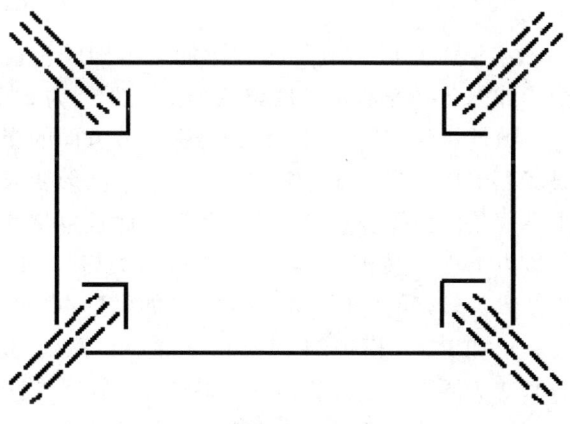

图 2-12

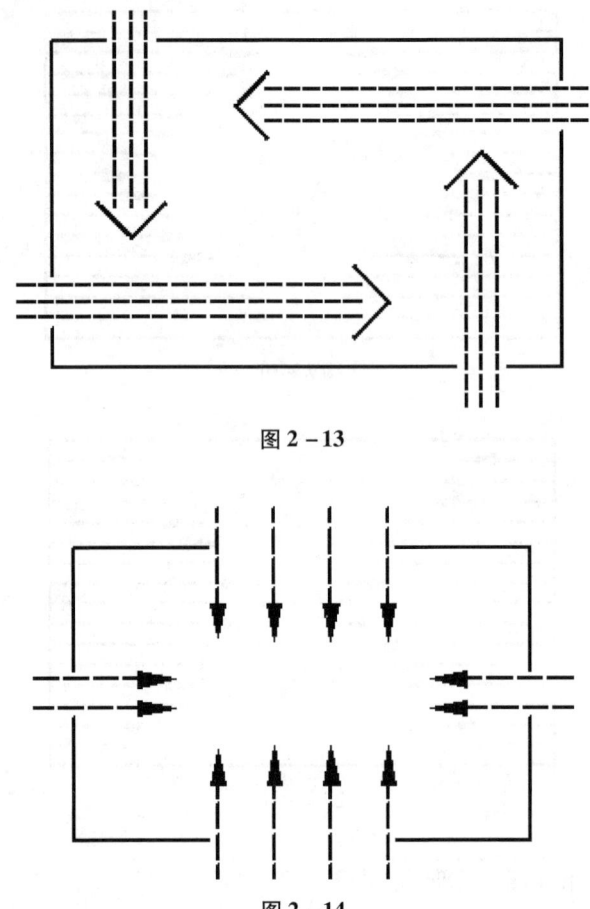

图 2-13

图 2-14

2. 散点队形。散点队形是以"点"为图形的基本构成元素，其间隔或距离相等排列成的队形。如图 2-15 所示。散点队形的取距约为 2.0~2.4 米。在散点队形上适合于做一致性、整齐划一的动作或分区、分方向的交替动作。全场均匀地布满人，更显场面宏伟壮观、气势恢弘。由于散点队形变成其他队形十分便利，因此散点队形不仅是团体操表演中的典型队形，而且也是其他队形变化的基础。持道具在密集散点上做"波浪"，或可组成巨型大旗（如国旗、会旗）。散点队形的横排与纵队人数较好的比例一般为 4∶3（如横排 40 人或 24 人等，纵队则为 30 人或 18 人等）和 3∶2（横排 24 人或 12 人等，纵队则为 16 人或 8 人等）。这种比例以黄金分割律为原理，给人的视觉效果较佳。在散点队形的基础上，可直接变成各种长短直线、锯线、弧线、大小圆形和带角队形。

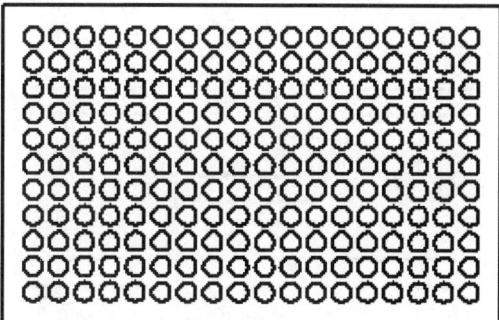

图 2-15

3. 线条队形。指以纵队、横队或斜排等为"线"的图形构成基本元素排列成的直线或曲线,但不连接成闭合性的队形。线条队形可以是多路、多列进行排列,线条可长可短,排列的方式很多。如图 2-16 至图 2-25 所示。线条队形包括纵队、横排,也可以是多路多列的直线队形。

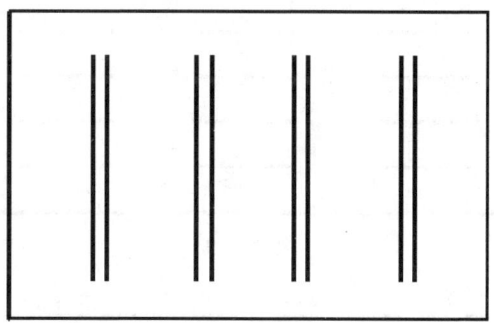

图 2-16

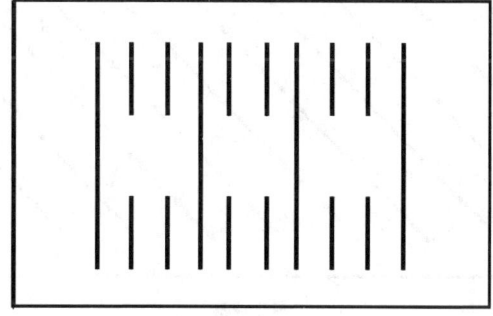

图 2-17

图 2−18

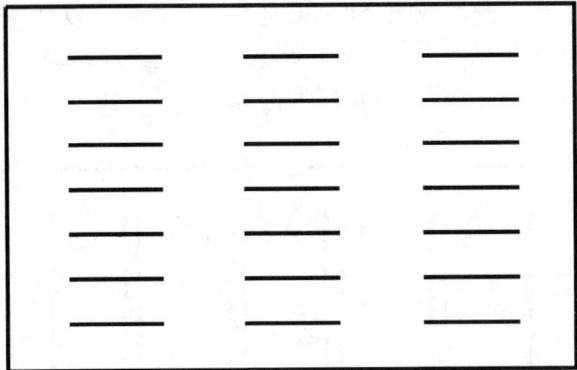

图 2−19

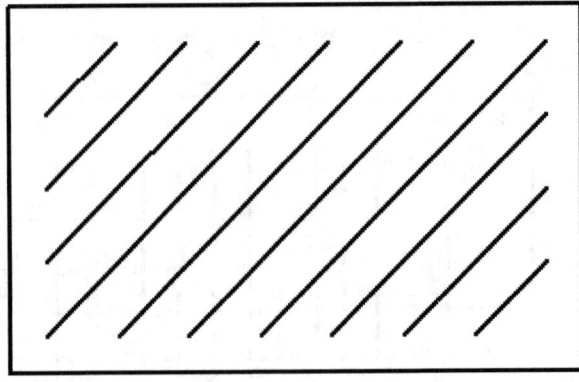

图 2−20

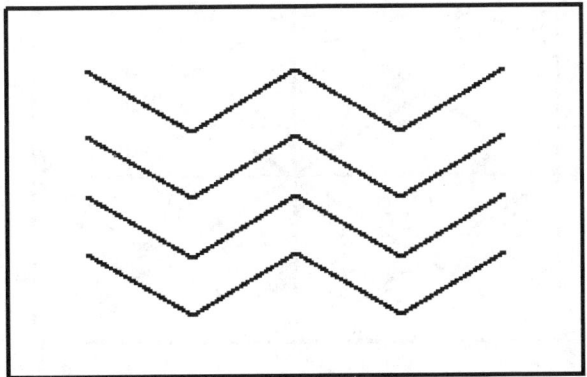

图 2–21

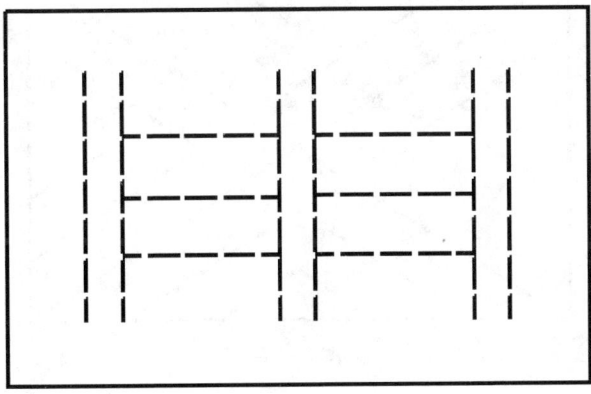

图 2–22

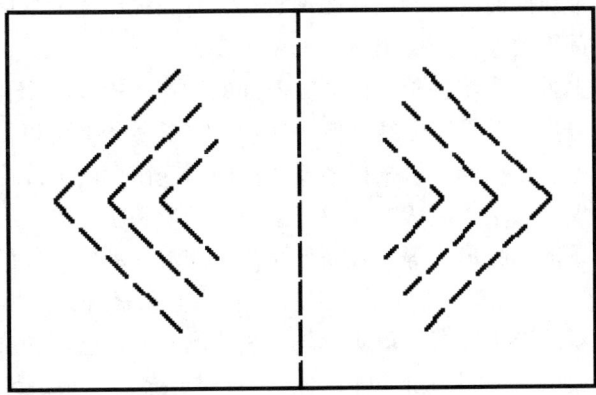

图 2–23

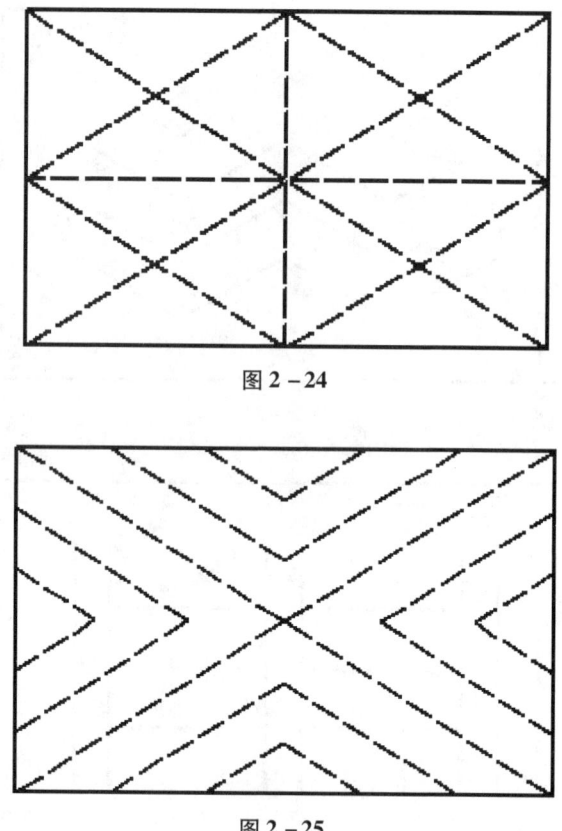

图 2–24

图 2–25

线条队形可由散点、圆等队形变成，也可相互之间变化。为使线条队形更清晰，远效果好，成纵队时每路的前后距离稍短，每路纵队之间的间隔要大；成横排时每排的左右间隔要小，而每横队之间距离要大。

在线条队形上可以表演各种相同的、不同的动作。短线条变化较灵活，可根据需要就近变成方形、菱形、弧线和圆等队形。在长线条上可以做依次动作或波浪动作及罗汉造型。依次动作可根据需要由前向后或由后向前或由中间部位开始动作。在大横排上常做上下起伏的波浪、滚浪、蛇形和旗浪等，在大纵队上常表演摆浪、卷浪、锯形和蛇形浪等，线条形队伍表演浪的动作，效果更佳。

4. 块状队形。指以点、线与面的图形构成基本元素排列或围成的具有某种形状的队形。块状队形主要有带角队形与曲线队形两种。这两种都有空心与实心两种排列方式。空心的块状队形可由单层、双层或多层组成。块状队形形态规整，可由散点队形聚合而成，也可由线条队形连接排列组成。

（1）带角队形。带角队形主要包括矩形、箭头形、三角形、方形、菱形、锯齿形与多角形等。带角队形有棱有角，整齐规格，形态各异。带角队形可以是空心的（由人组成外边），也可以是实心的（由人密集站成）。空心的带角队形最好由直线队形变换而成，方法简单；实心的带角队形由密集队形或纵队拼组最好，也可由散点队形直接组合。一般较小型的团体操在表演人数少的情况下，采用空心方块或菱形组成图案。实心方块或图案的效果一般比空心图案好，密集的人群和道具构成厚重醒目的色彩效果，给人以强烈的感受。如图 2–26 至图 2–31 所示。

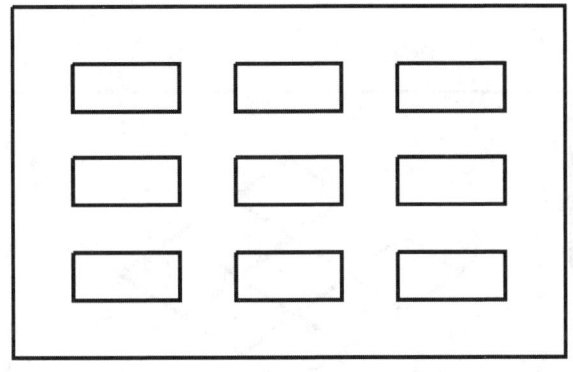

图 2–26

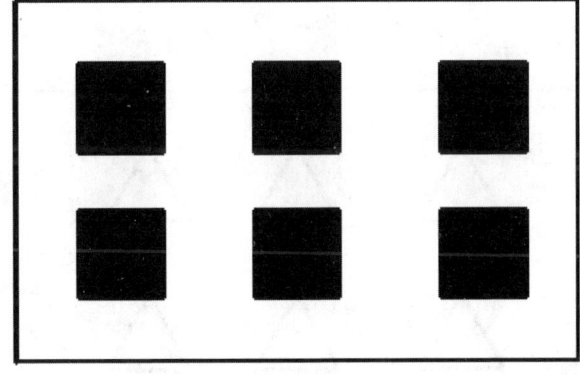

图 2–27

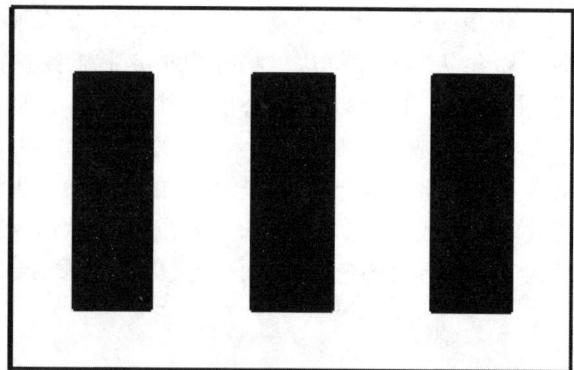

图 2-28

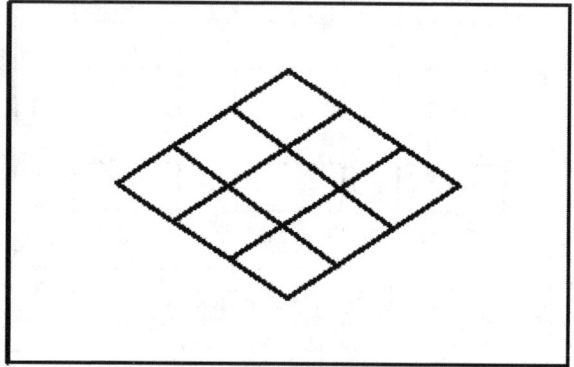

图 2-29

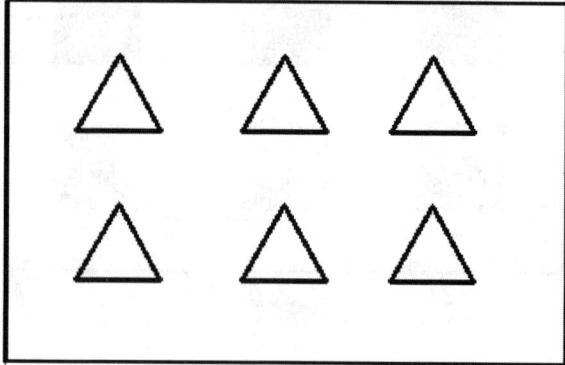

图 2-30

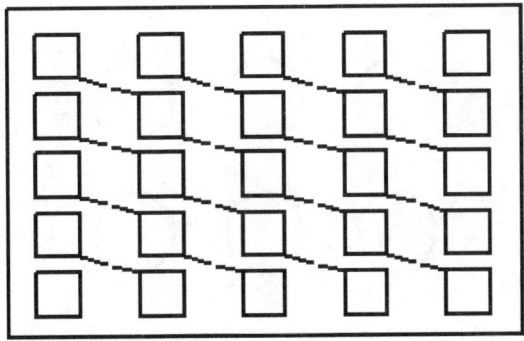

图 2-31

（2）曲线队形。曲线队形主要有圆形、弧形。这类队形给人以祥和、温柔、安定、团结的心理感觉，多用于女性表演的队形变化，结合活泼、优美的舞蹈及艺术体操、健美操动作，给人以柔美的感受。如图 2-32 至图 2-35 所示。

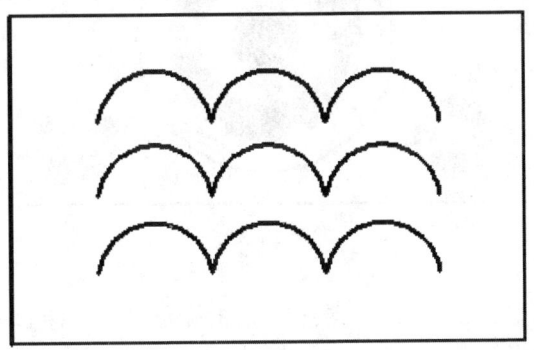

图 2-32

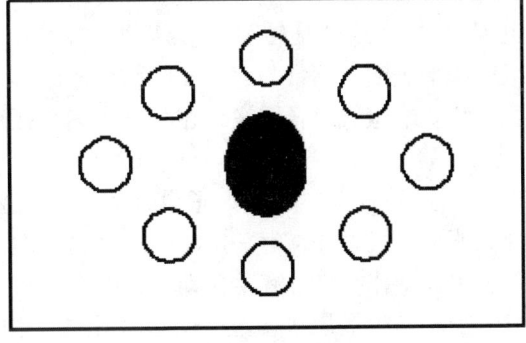

图 2-33

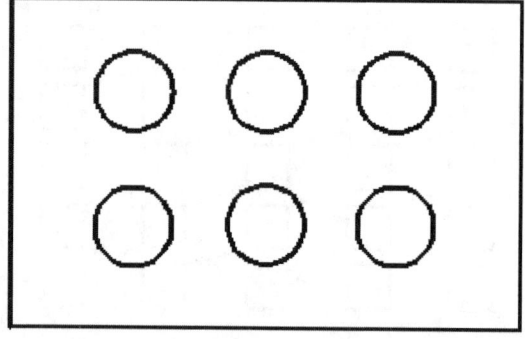

图 2-34

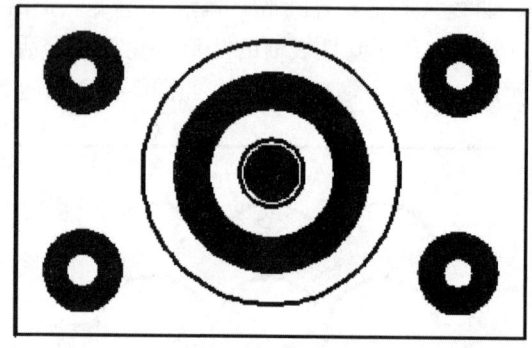

图 2-35

弧形、圆形队形包括单层、双层和多层的弧形和圆的结合队形，弧线的正反组合还可形成波浪形。

单层小圆由于小，间距不大，适合小学生和儿童表演；大圆及同心圆、双层、多层的圆适合于青少年表演。在圆上可以做各种转动、内外开合以及同向和异向的摆动动作，也可做"立转""滚转"，其效果很好。

弧形虽可单独组成队形表演，但常与直线、圆结合成图案，如弧线与短线组成扇形，弧形与圆及带角队形组成综合图案，在综合图案中弧形多为连线，起纽带作用。

5. 表演图案。表演图案是根据主题和寓意设计表达的需要，运用散点、线条与块状等队形组合成能烘托气氛并富有一定象征意义的图案。表演图案必须考虑动作的主次，既要有主体动作，也要有陪衬动作，图案设计要体现动与静、快与慢、高与低、开与合、多与少等层次明显、交替变化的结构整体性和流动性。同时，要有一定的停留时间以显示图案的完美效果。根据图案所表达的意义，大体可分为一般性图案、象征性图案和组字图案等。

（1）一般性图案。一般性图案主要是以线与面的图形构成的综合图案。如图 2-36 至图 2-43 所示。

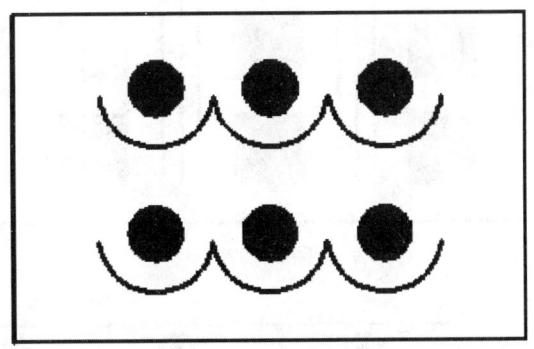

图 2-36

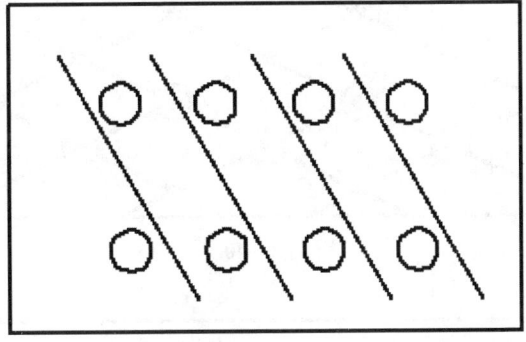

图 2-37

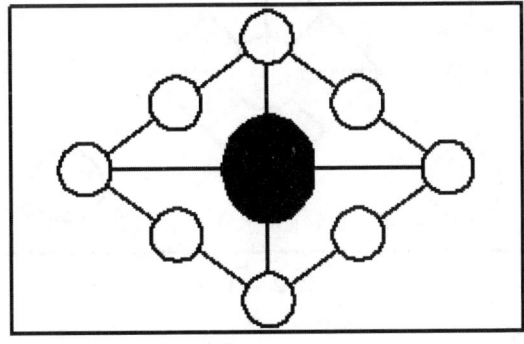

图 2-38

图 2-39

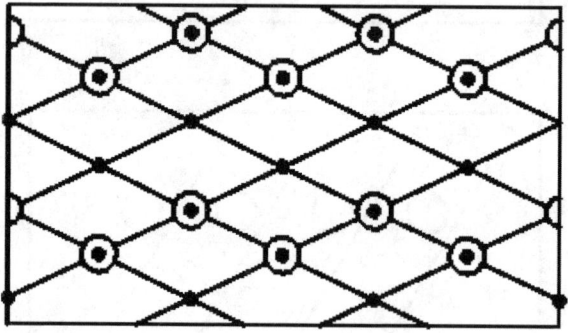

图 2-40

图 2-41

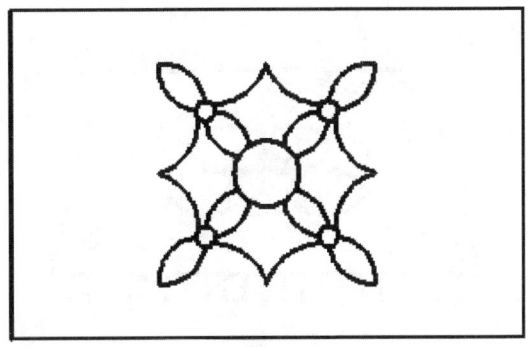

图 2-42

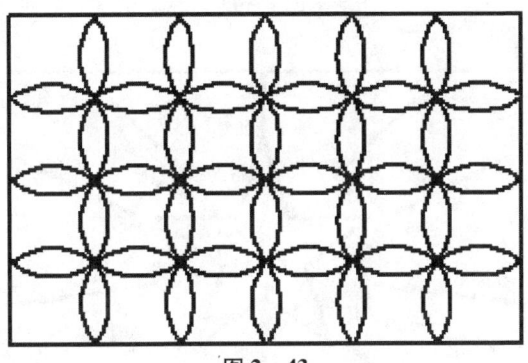

图 2-43

（2）象征性图案。象征性图案是具有特定寓意和标志性的象征性图案，根据设计和选择好的图案，运用特定的队形编排组合而成，以此展示和突出团体操表演所欲体现的主题和内容。如国旗、会旗、会标、地图、五星、太阳、火炬、科技、山水、动物、人物等。如图 2-44 至图 2-55 所示。

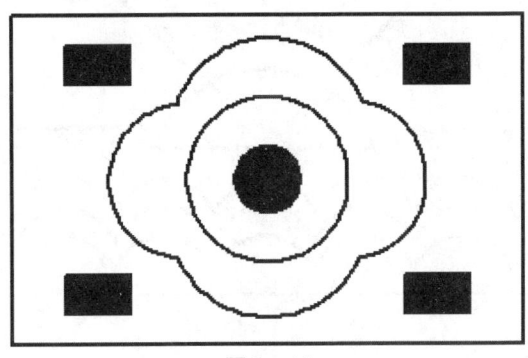

图 2-44

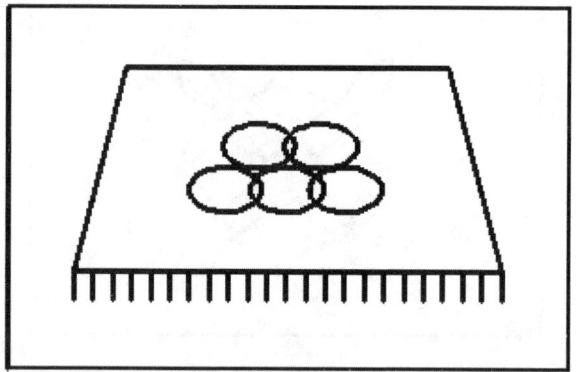

图 2–45

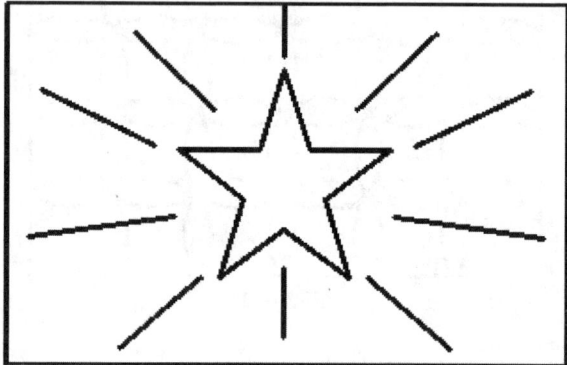

图 2–46

图 2–47

图 2-48

图 2-49

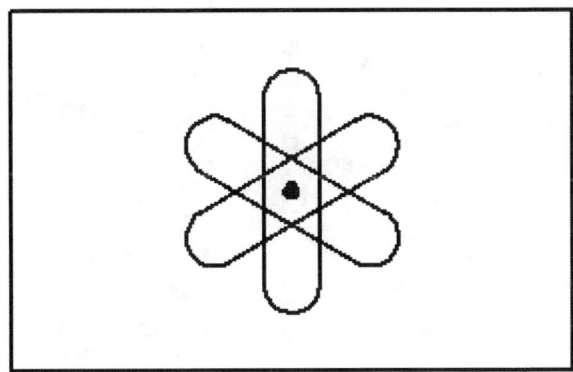

图 2-50

图 2-51

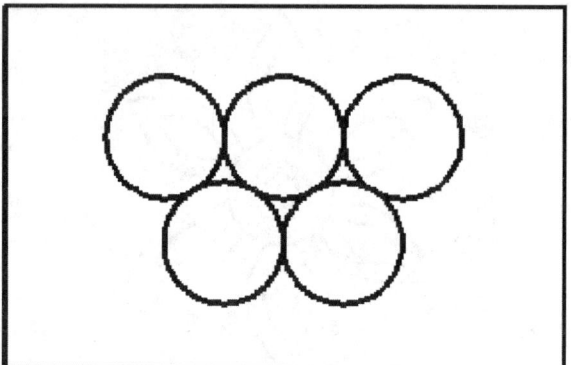

图 2-52

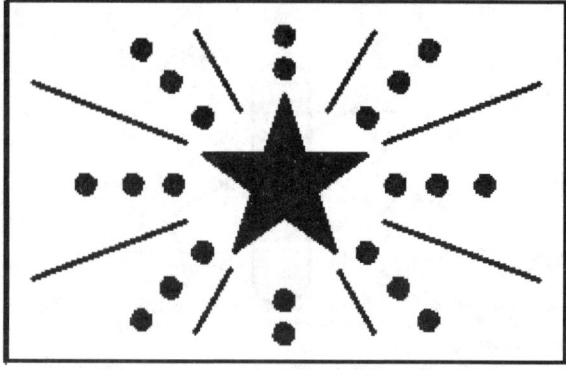

图 2-53

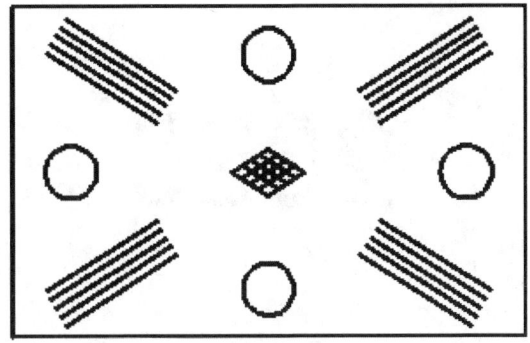

图 2-54

图 2-55

（3）组字图案。组字图案是直接通过组成汉字、年号、英文字母等方式来呈现团体操的表演队形图案。组字图案常用两种形式：一种是运用线条队形排列组成各种字符；另一种是在没有背景图案时可运用密集型队形，通过道具、服装颜色等的变化组成字符。如图 2-56 至图 2-59 所示。

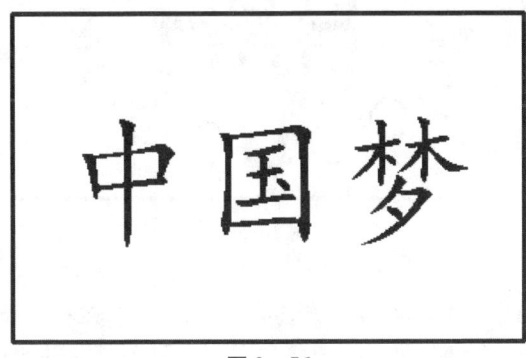

图 2-56

```
┌─────────────────────┐
│                     │
│      2020           │
│                     │
└─────────────────────┘
```

图 2-57

```
┌─────────────────────┐
│                     │
│      QLSY           │
│                     │
└─────────────────────┘
```

图 2-58

图 2-59

6. 退场队形。团体操表演结束的退场队形，同样要求严谨整齐，精神饱满，迅速而有规律，给观众留下深刻的印象和回味。退场分整部团体操结束退场和某场次团体操结束退场,场次的退场必须要考虑下一场次的入场方法与其衔接。退场队形一般是在表演的最后一个队形图案基础上,迅速密集成纵队、横队或方形等队伍,用走步或跑步等迅速退出场,也可以在表演结束图案的基础上,边组织变化成某一队伍边退场,无论是向什么方向,以什么队形退场,动作都要迅速、整齐。整部团体操表演最后的退场可运用灯光科技的隐现或整体图案的移行渐变等形式。

一般说来,设计退场应尽量使表演者较快地有组织地退出表演场地。退场的方向与路线可以选择场地的正面、两侧或四角等退出表演场地。如图 2-60 至图 2-70 所示。

(1) 正面或一侧退场:

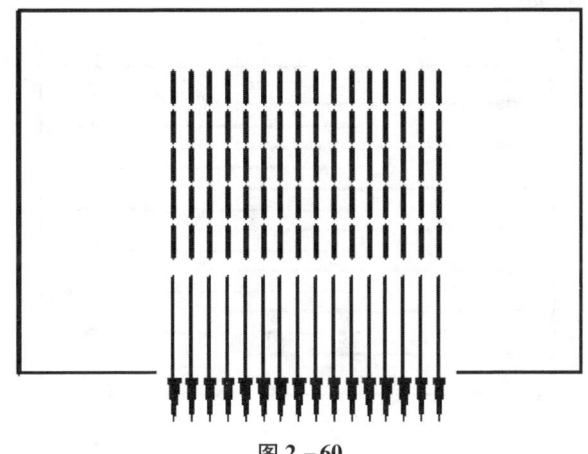

图 2-60

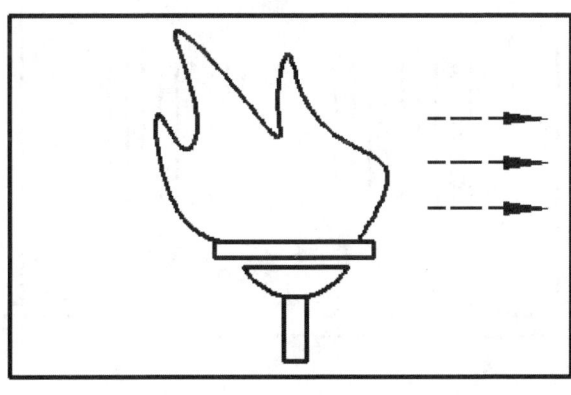

图 2-61

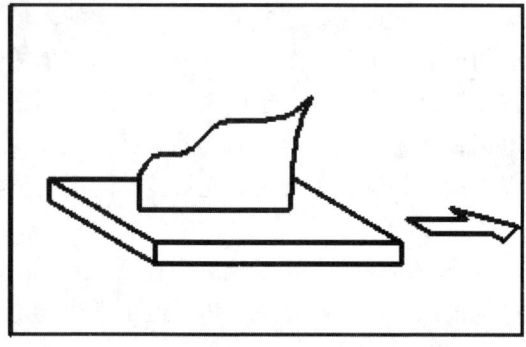

图 2 – 62

(2) 从两侧退场：

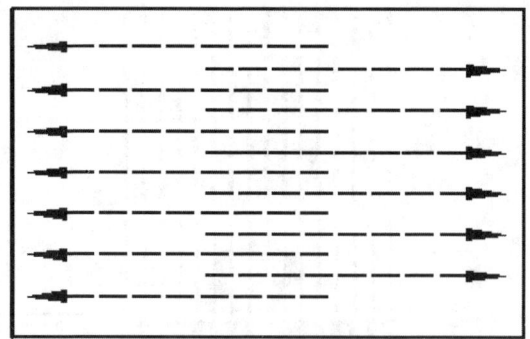

图 2 – 63

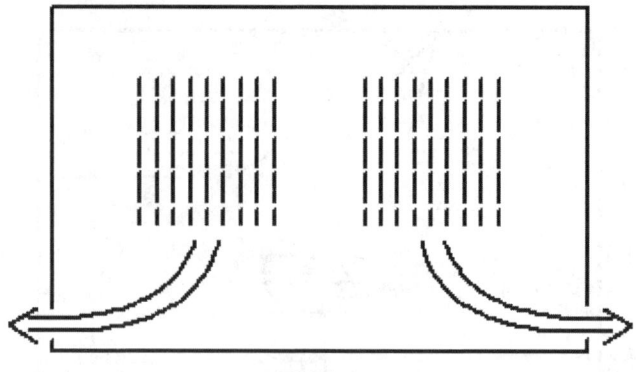

图 2 – 64

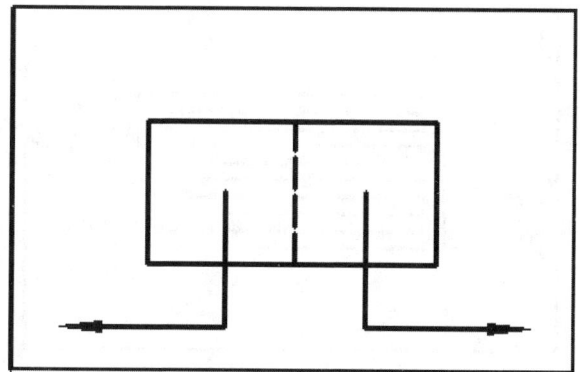

图 2-65

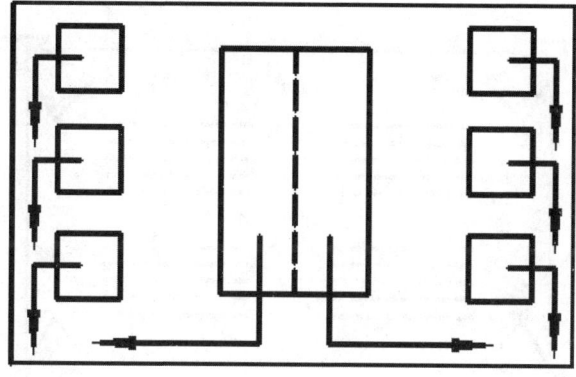

图 2-66

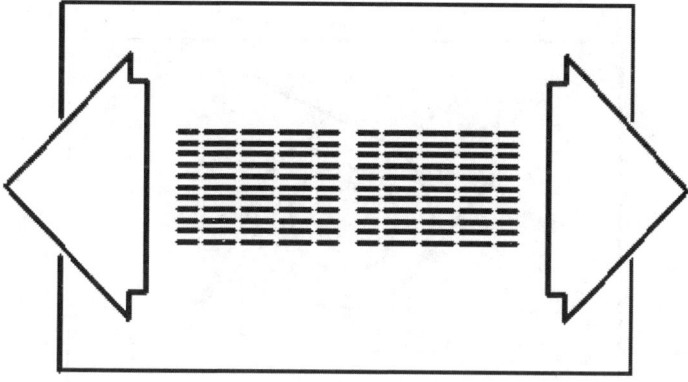

图 2-67

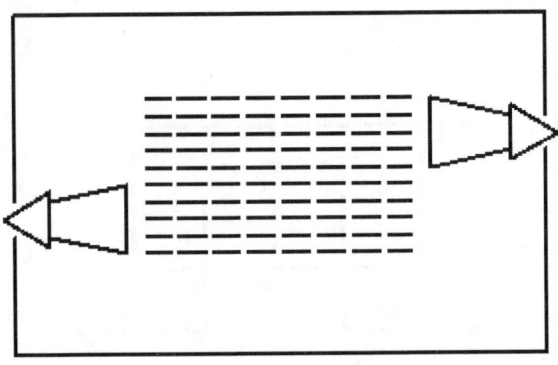

图 2－68

（3）从四个角退场：

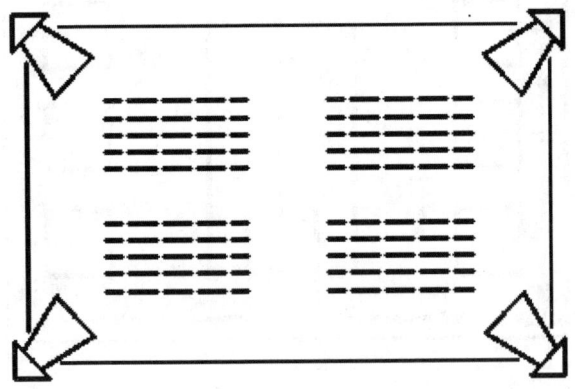

图 2－69

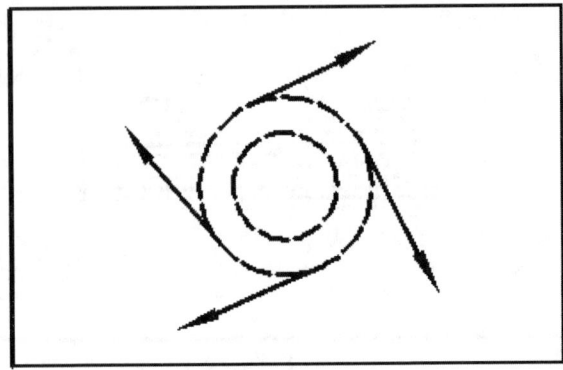

图 2－70

三、队形图案的设计与变化

随着团体操的发展和创编水平的不断提高，队形图案的变化也日渐多样，形式更为丰富多彩。在具体设计队形图案过程中，要使队形的变化和移动路线更巧妙，队形或图案的组合能清晰、合理地反映出团体操的主题，还必须了解和掌握团体操队形图案构成的基本特性、变化规律以及基本方法。

（一）队形图案构成的基本特性

1. 队形移动路线的基本特性。每一种队形变化的移动路线都表达一定的感情倾向，其基本特性可以归纳如下：

平行移动：一般表现平静、自如、安定与平稳感。

斜向移动：一般表现有力地推进，有动感和深度感。

竖直移动：有强健、有力、庄重、崇高和由远而近的距离感。

此外，在曲线移动中，锯齿形移动可以给人跳动和活跃之感；弧形线移动呈现出柔和、流畅的感觉；S 形曲线移动给人以优雅、具有魅力和高贵的感觉；而涡线则呈现出壮丽、浑然的感觉等等。

2. 图形画面的基本特性。各种队形、图形或图案形成的造型性画面也渲染着一种特定的情感，表现其特有的特征。

几何直线形的画面：指具有固定角度构成的图形。如方形、矩形、三角形等。其特点具有稳定、信赖、力量、简洁明了、有秩序的感觉等。

几何曲线形的画面：指具有固定半径的曲线形。如圆形等，其特点具有柔和、流畅、自由、高贵等情感。

3. 队形图案构图的基本组合法则。团体操表演图案构图过程中，存在着线与线、线与面、面与面的基本组合形式。这些形式都可以按照并列、相通、相套、联合、差叠等法则进行队形图案构图的组合变化（见表 2-2）。

表 2-2　　　　　　队形图案构图的基本组合法则举例

法则	线与线	线与面	面与面
并列	∥	I□	□ □

续表

法则	线与线	线与面	面与面
相遇	∨	⊓	◁▷
相套		⊖	◎
联合		⊢	◯◯
差叠			◐●

（1）并列。并列是指图素的组合形式之间保持一定距离的平行排列关系。例如，以一定距离的两个直线队形可以看成是线与线的并列；一直线队形与一个长方形之间按一定距离排列可以看成是线与面的并列；两个以一定距离排列的正方形，可以看成是面与面的并列。

（2）相遇。相遇是指图素的组合形式之间的相连、相逢、相并关系，有点遇和线遇两种具体样式。例如，"V"字队形与一直线队形的中点相连（点遇），形成线与线的相遇；一直线队形与一个长方形的边相连（线遇），形成线与面的相遇。一个正方形与一个三角形的任一边相并（线遇），形成面与面的相遇。

（3）相套。相套是指图素的组合形式之间的套与被套关系。有连套和空套两种具体形式。这两种形式只有线与面、面与面的相套关系，没有线与线的相套。例如，一直线队形被套于圆中，并且使纵队的排头与排尾与之相连（连套），是线与面的相套；两个大小不一的空心圆，小圆被套于大圆中（空套），是面与面的相套。

（4）联合。联合是指图素的组合形式之间的相插关系。根据相插的程度，可有 1/2、1/4 等的联合。例如，一直线队形 1/2 插入一长方形中，是线与面的联合；一个圆 1/2 插入另一个圆，是面与面的联合。它们都有 1/4、3/4 等不同程度的联合。

（5）差叠。差叠是指图素的组合形式之间的相叠关系。同联合规则一样，有相叠程度的不同，可分为 1/2、1/4 等差叠。面与面的差叠最具典型性。例如，一个圆 1/2 叠于另一个圆，形成面与面的差叠。

（二）队形图案的基本变化规律

团体操表演队形图案的设计，根据其构图的基本法则，点、线和面的图素按垂直、水平、斜方向进行排列，便有如下几个基本变化规律（见表 2-3）。可根据构图的需要，选择性地综合运用这些规律进行设计。

表 2-3　　　　　　　　队形图案的基本变化规律举例

规律		垂直	水平	斜角
重复	线			
	面			
连续	线			
	面			

续表

规律		垂直	水平	斜角
渐变	线			
	面			
错位	线			
	面			
转动	线			
	面			
放射	线			
	面			

1. 重复。重复是指一个或数个图素按一定间隔或距离反复排列构成的画面。例如，一直线队形以一定距离或间隔进行垂直、水平、斜角方向反复排列形成的图形；以圆按一定的距离进行垂直、水平、斜角方向反复排列形成的画面。

2. 连续。连续是指一个或数个图素不间断反复排列构成的画面。例如，锯形在垂直、水平与斜角三个方向可连续的折线队形连接而成；以多个圆的1/2相联合反复连续排列构成的画面。

3. 渐变。渐变是指图素以某基准点向某方向逐渐地扩大或缩小而产生的画面。例如，直线队形向垂直、水平、斜角方向扩大（由短变长）或反之；正方块队形向垂直、水平、斜角方向扩大，可逐渐变化为横队线条形、纵队线条形和错位线条菱形。

4. 错位。错位是指完整图素中的部分图素在跨越另一个空间时，错开原有的位置（不超过1倍以上）而产生的画面。例如，"S"字形图素向垂直、水平、斜角方向的错位变化；三角形队形向垂直、水平、斜角方向的错位变化。它们都可分为1/2、1/3、1/4等不同程度的错位。

5. 转动。转动是指图素或部分图素自转不同角度而产生的画面（仅限水平方向的构图变化）。例如，以18人密集组成一列横队，按1至3报数，报2的不动，报1的按顺时针转动135度，报3的转动45度，就形成了"米"字形的画面；两个空套的菱形，其中一个转动90度，就形成了某种花瓣的图案。

6. 放射。放射是指图素以某中心点做双向或多向的向外散开或向内集中而产生的画面。放射是一种特殊的重复，也有渐变的特殊视觉效果。例如，直线队形以中心人为准，向垂直、水平、斜角方向散开或集中；正方块队形向垂直、水平、斜角向外散开，可变化为横队线条形、纵队线条形和错位线条菱形。如果方块队形同时沿上下左右向外散开，可变化为散点队形。

（三）队形图案变化的基本方法

团体操表演中许多丰富多彩的队形图案画面其变化都是自始至终有机贯穿和相互连接的。在具体的设计构图过程中，应根据实际队形情况和需要先分析某个区域的图素排列状况，然后设计选择这个区域的构图变化方法。如其他区域的变化也相同，可按此方法进行，就会形成全场一致的变化效果。

1. 合并法。将各种分散的队形或图案变成相对集中的大的队形或图案的一种方法。例如，以横排6人，纵路4人，间隔与距离均为2.0米组成的散点队形，变化为以12人组成，间隔6.0米的两路纵队。具体变化步骤与方法：各横排1至6报数，报2数与5数不动，报1数与4数分别插到报2数与5数的前面，报3数与6数分别插到报2数与5数的后面就变化完毕（见图2-71）。这一例子是图素从点到线的变化。

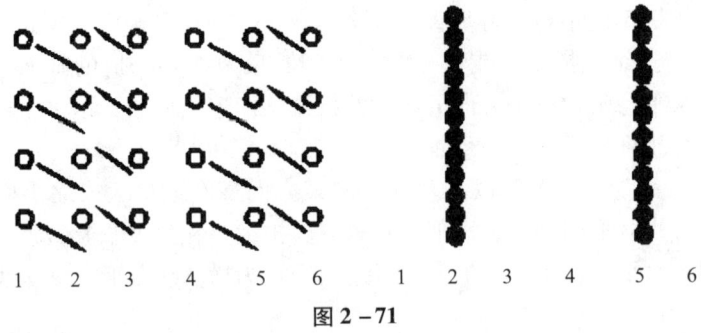

图 2-71

2. 分散法。由集中的大的队形或图案变成小的队形或图案的一种方法。例如，由实心大方块形变成散点队形。具体变化步骤与方法：明确每一名表演者由方块队形变为散点队形时的方向和位置点，然后从最外层开始，每隔四拍依次向外分散一层，直至变为散点队形为止（见图 2-72），也可以用同时向散点的队形跑动的方式变化。这一例子是图素从面到点的变化。

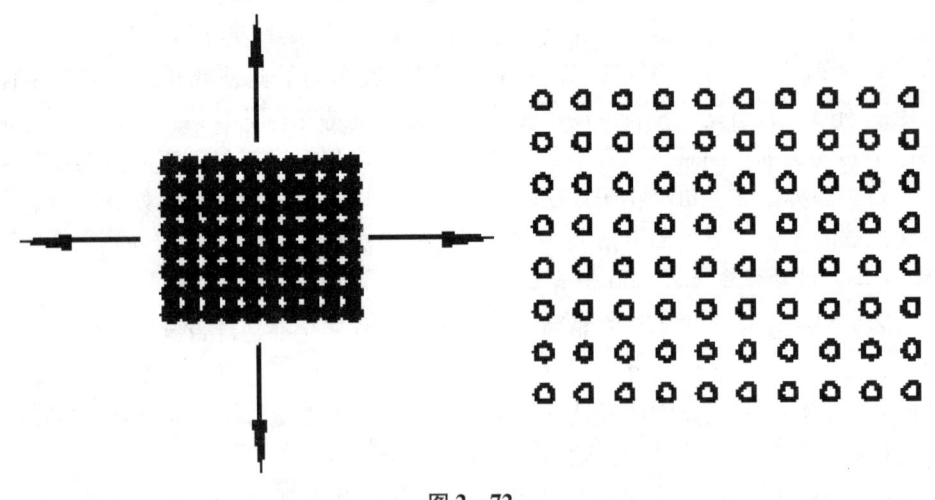

图 2-72

3. 分段法。把一个长的单行、单排或者多行、多排的直线队形，分成若干个小段进行变化的一种方法。例如，由密集的16人横排变成"V"字队形。具体变化步骤与方法：将横排分成三小段，中间这段表演者向前移动（中心位置的人向前距离最多），两边的表演者向后移动（最靠外侧的人向后距离最多），就形成了"V"形（见图2-73）。按照这种方法，也可以变化为锯形、波浪形等队形。这个例子是图素从线到线的变化。

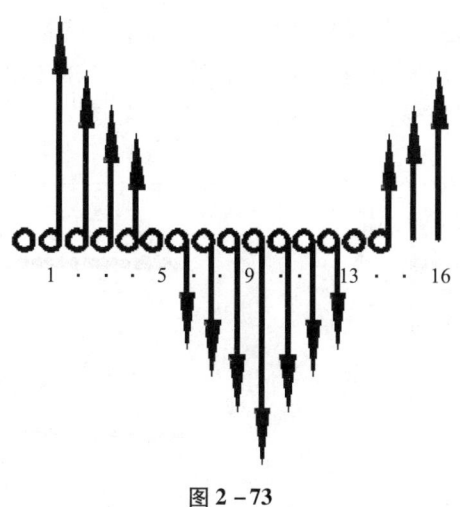

图2-73

4. 分区法。根据后一个表演队形的需要，将前一个队形分成若干区域，然后在各区域中进行变化队形的一种方法。例如，把大的正方块分成四个小的正方块（间距1.0米），然后以四个正方块变为四个实心圆。具体变化步骤与方法：在大的正方块队形中分别指定四个基准中心点，按照四个区域变化为四个正方块，然后再向中心点靠拢成四个实心圆（见图2-74）。这个例子是图素从面到面的变化。

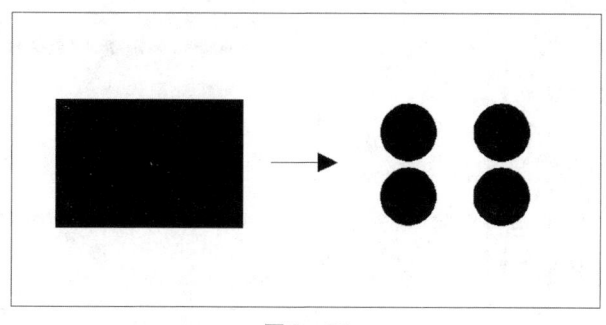

图2-74

四、队形图案变化实例

(一) 散点队形变化成线条队形

例1：散点变横队。

常见的有两种方法。一种是向中间变。例如，散点队形按纵队向后1至3报数，以3人为基本变化单位。报2数的不动，报1数的向后退插在2数的右边，报3数的向前插在2数的左边，成密集的横队。如图2-75所示。

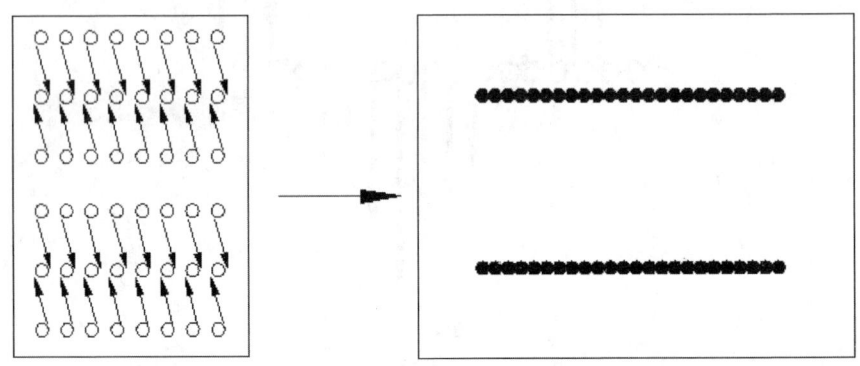

图2-75

另一种是向前、后变。例如，散点队形按纵队向后报数，报1数的不动，报2数的向前插在1数的右侧，报3数的向前插在1数的左侧，成密集的横队。如图2-76所示。散点变纵队也可按以上方法进行变化，只是移动的方向由前后改为左右。

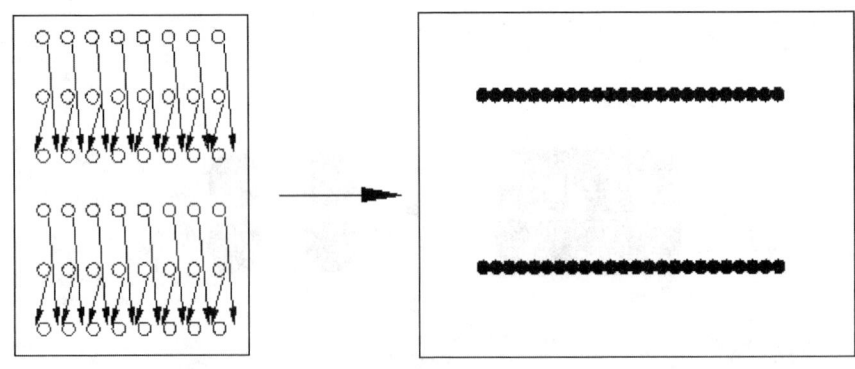

图2-76

例2：散点变成斜排队形。

以1至3路为基本变化单位，由散点队形向后报数。第1路按1、2、3报数，第2路按3、1、2报数，第3路按2、3、1报数，第4、5、6路按第1、2、3路方法报数，依此类推。每个表演者都要记住自己的号数。当听到变化的指令后，报2数的不动，报1数的向右后方退至2数的右前方，报3数的向左前方跨至2数的左后方，然后调整斜排并对齐。如图2-77所示。

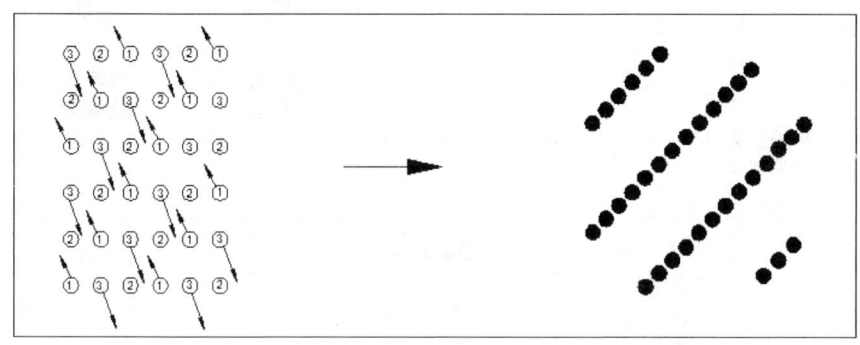

图2-77

（二）散点变化成带角、圆形队形

例1：散点变成空心方形。

将散点队形分成5人×5人的若干小区。以一个小区为例，我们可以分为外围16人内围8人，中心点1人。规定内围8人为基准人，外围16人按图2-78所示，有规律地插入即成方形。

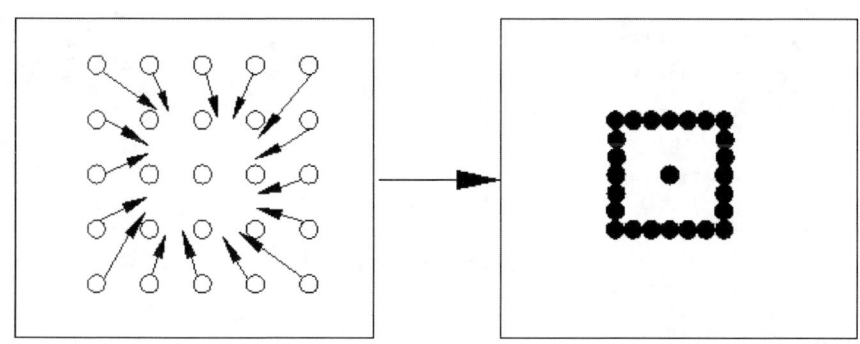

图2-78

例2：散点变成实心方形。

将散点队形分成若干小区，以每个小区的中心点为基准，周围的人向其靠拢。如图2-79所示。

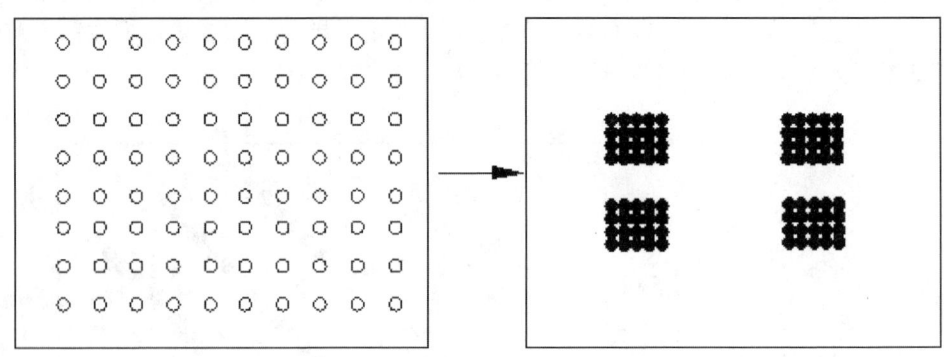

图2-79

例3：散点变成菱形。

将散点队形分成4人×5人的若干小区。以一个小区为例，按散点队形的横队1至5报数。第1列横队报2数与第4列报4数为基准人。规定第1列横队报3数，第2列报1数，第3列报5数与第4列报3数的4个人分别为菱形线的角点，其他表演者按图2-80所示，有规律插入即成菱形。

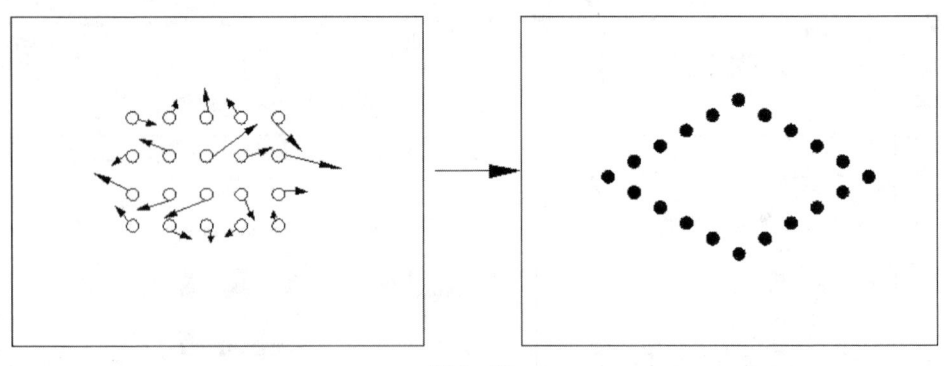

图2-80

例4：散点变成圆形。

将散点队形分成5人×5人的若干方块区。以一个方块区为例，按散点的横队向左1至5报数。规定第2列横队报3数，第3列报2数与报4数，第4列报

3数的4个人分别为圆形直径的4个交点,其他表演者按图所示,有规律插入即成圆形。如图2-81所示。

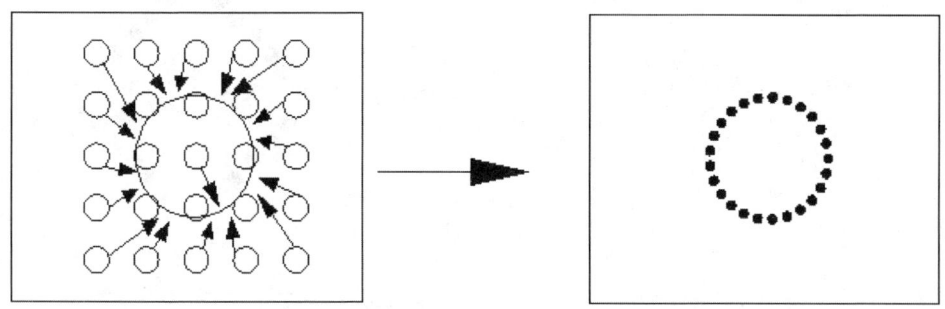

图2-81

(三) 线条队形变化成带角、圆形队形

例1:纵队变菱形。

变化有两种方法:一种是同向移动法,即将各路纵队进行1至2路编号,把纵队分两段,然后单数路小纵队的中间人与双数路小纵队排头与排尾两人基本不动,其他人向同一方向移动即成菱形队形(如图2-82所示)。另一种是向外移动法,即每两路的中段向外移动,排头与排尾靠拢(如图2-83所示)。密集横队变菱形也可以按以上方法进行变化,只是移动的方向由向左移动改为向前或后移动。

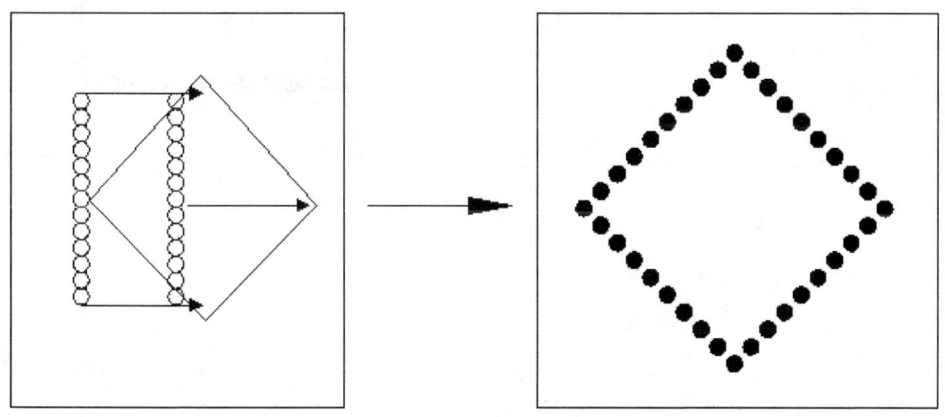

图2-82

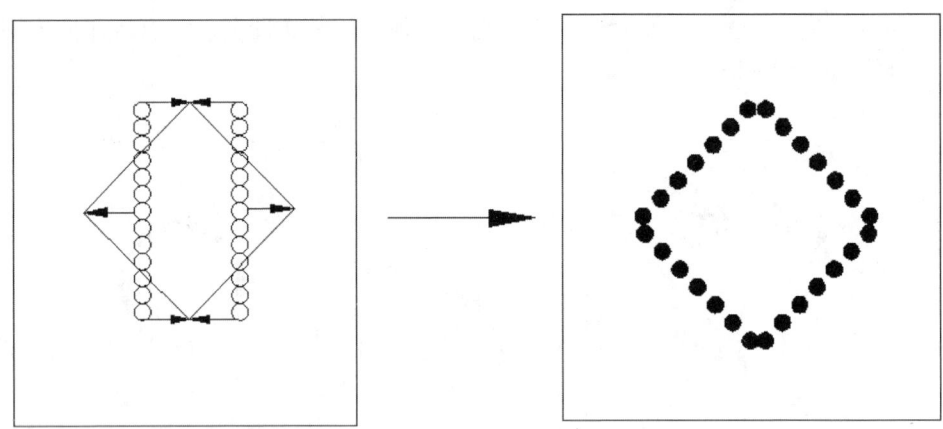

图 2 – 83

例2：横队变方形。

将24人的横队分段，在每一横队上确定两人作为基准人（每横队两端向内的第5人）。每列横队基准人不动，外侧的人向中间成"关门"式移动形成方块队形（如图2 – 84所示）。

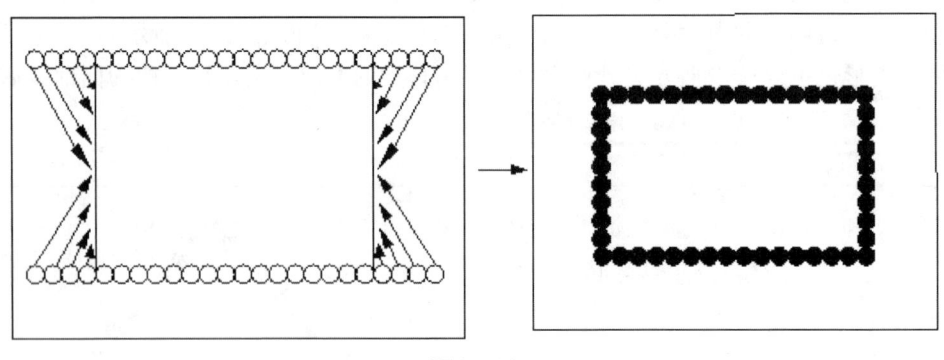

图 2 – 84

例3：横队变弧形。

规定中间1人作为弧形的顶点，变化时，该人不动，两边的人向前围成弧形队形。如果变成两个弧形时，只要同时规定两个中间人（把横队分成两段），其他变化方法相同（如图2 – 85所示）。

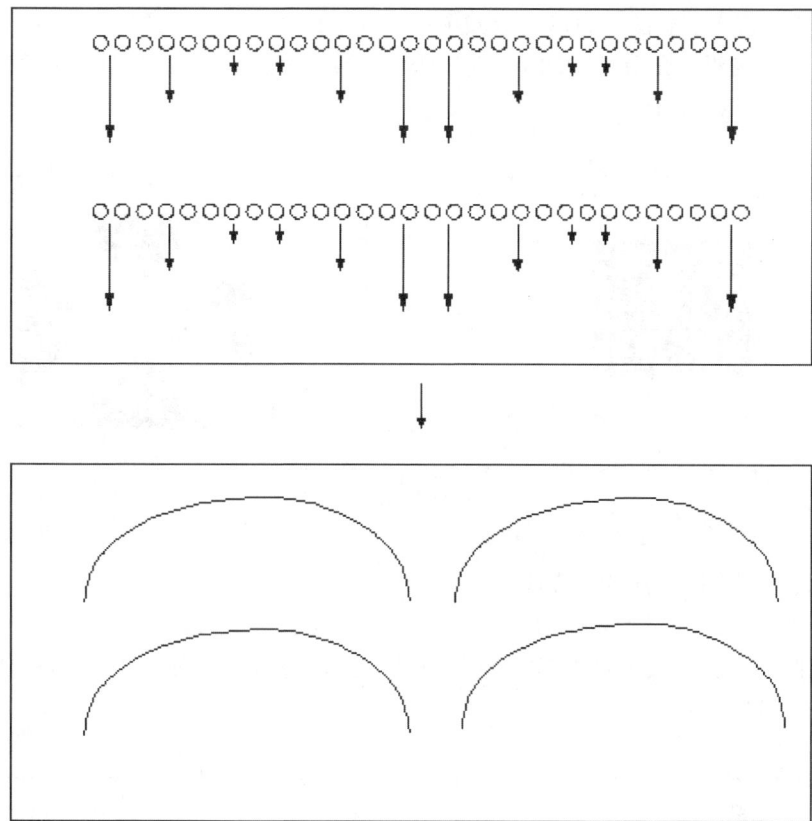

图 2-85

例4：密集实心的大方形变成组合队形。

以大方形的每边中线相连。然后，四个三角形分别向场地四角移动，变化成组合队形（如图 2-86 所示）。

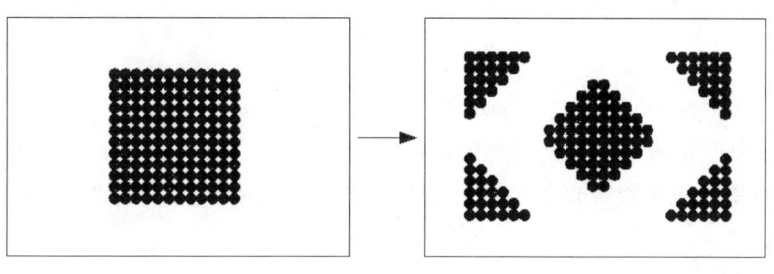

图 2-86

例5：密集实心的大方形变成四个小三角形。

将大方形沿对角分区为四个小三角形，然后每个小三角形分别向场地四边移动（如图2-87所示）。

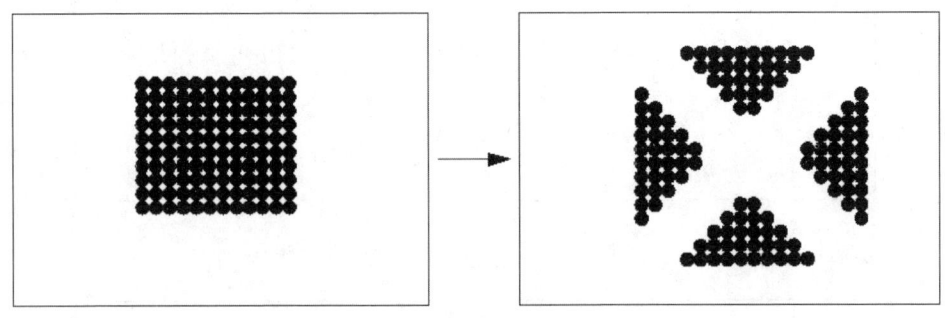

图2-87

（四）圆形队形间的相互变化

例1：一个空心圆变成两层同心圆。

在圆的周长上按顺序报数，报单数的向圆心移动成内圆，双数移动成外圆（如图2-88所示）。

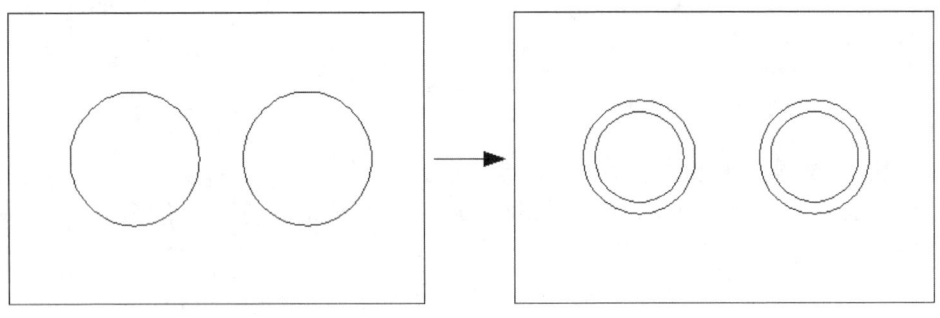

图2-88

例2：一个大圆变成若干个小圆。

根据要变化的图形多寡，对周长进行对应分段。如1个大圆变成4个小圆，就把圆周长分成4段弧形，各段弧形按规定的圆心围成4个小圆（如图2-89所示）。

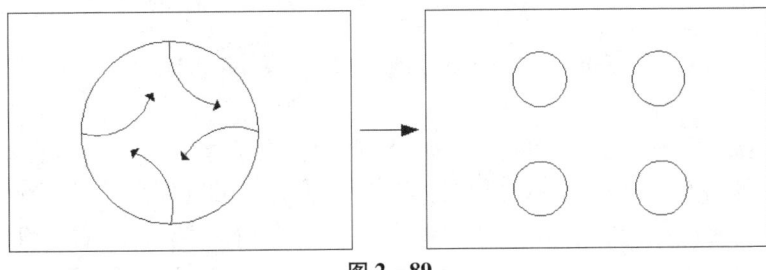

图 2-89

(五) 圆形、带角队形变图案

例1：圆形变花形。

根据花瓣的个数，在圆周长上分段。然后规定各段的中间人为各花瓣的弧点，其他人向中移动即成花形图案（如图 2-90 所示）。

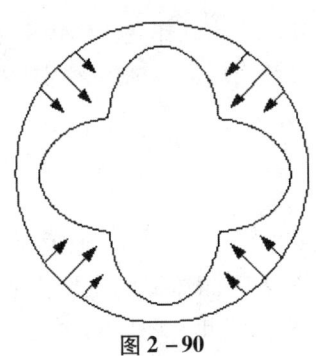

图 2-90

例2：圆形变五角星。

把圆周分为五个弧线段，然后每个弧线段的中间人带头向圆心方向移动至规定的点即成五角星图案（如图 2-91 所示）。

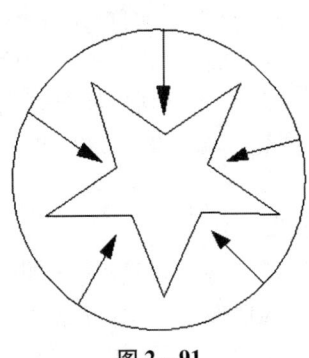

图 2-91

第四节 设计创编团体操表演动作

团体操的表演动作是构成团体操表演的两大要素之一,是指表演者在灵活多变的队形图案上,通过各种动作的表演,表现主题思想内容,结合队形图案和造型等达到团体操表演目的的一种手段,是团体操创编中的重要组成部分。团体操表演最先让视觉感知的是变化的队形与图案,但是在场面上构成这些队形与图案,并使这些队形与图案产生动态变化效果的核心因素就是每个表演者展现的动作,可以这么说,没有表演动作的呼应,也不会有队形与图案的变化,更不可能产生团体操表演动态鲜活的画面。团体操表演动作的各种形体动作构成了一个表演体系,它的功能是用来表现团体操内容的动作形象。由于表演动作类型多,组合变化丰富,风格和节奏不同,才使表演丰富多彩、效果各异,从而完成自身的表演任务。表演动作是团体操最基本、最富典型意义的一个要素。因此,在团体操总体设计构思完成之后,需要对团体操表演的各种动作进行精心设计和创编。

一、表演动作创编原则

(一) 动作能体现主题思想

表演动作的设计创编要为表现团体操的主题内容服务,由于每一场团体操都是为了表达一定的思想内容,因此,团体操的表演动作必须能够很好地揭示操的主题内容,以达到创编出来的表演动作的内容与主题思想和谐统一状态。在具体创编团体操表演动作的过程中,应以每场操的中心思想与风格特点为依据,动作要符合人物形象、性别和年龄特征。因此,表演动作应具有代表性、典型性并巧妙地运用夸张的手法,在形体上、节奏上予以艺术加工,使之能更好地反映主题。对于不同的主题内容,进行团体操表演动作设计的思路也不同,选用快速、刚健有力的表演动作,能恰当表现青春、向上、激情等内容;缓慢、柔和、优美而舒展的表演动作,则更适合抒情内容。快慢结合、刚柔相济的表演动作编排能从整体变化、节奏和层次上更好的表现主题和分场的中心思想。

(二) 动作要适合团体操队形

团体操的创编通常是从选择队形图案开始,在此基础上选择适合于此队形图案的表演动作。团体操表演中的任何一个动作都是在不同的队形中进行的。不同的队形适合做不同的动作,同一动作在不同的队形上表演,效果也就不同。在创编团体操表演动作时，还需考虑表演动作应适合队形的特点。因此，在设计团体操表演动作时必须处理好表演动作与队形的关系，表演动作能与队形互为协调。例如，弧形、圆形队形适合选择柔和、流畅、活跃的动作；正方形常选择整齐、一致的动感动作；长方形的队形可编排对称、均衡的左右交替动作等；线条队形可采用碎步走、跑步走等产生对流的变化效果。无论在什么队形中的表演动作，应当注意人与人之间保持适当的间隔、距离，以适应并表现不同队形的风格特点，并使动作与队形交互辉映，浑然一体。

（三）动作可适当重复运用

团体操表演动作编排时，根据需要适当地运用重复是必要的，它也是团体操表演塑造群像的基本手段。有一定的动作重复，有利于突出体现团体操的内容和捕捉住形象。但是对动作或组合动作的重复应该是有规律要求的，不能像广播体操一个结构（类同一组）动作重复 4×8 拍。一般来说，做动作形式和动作方向与动作速度等一组相同一样的动作，其重复次数最好不超过两次（组），重复太多会显得单调、呆板。例如，简单的蹲起动作，采用集体共同做的形式，一般采用两次。如果采用单、双排接着交替做的形式，也最好出现两次。编排的一组动作，其数量较多或为了强化主体动作的情节需要，为增加重复的次数，可以采用不同速度、不同连接方法等编排手法来增加动作重复的次数。

（四）动作需结合道具、服装特点

道具被用于丰富表演动作内容，是动作的延伸，运用不同的道具来编排动作可收到更好的表演效果。因此，编排使用道具的表演动作应结合道具的特点，包括道具的特性、功能、形状、大小、长短等。例如，编排花束、花球等小道具表演动作时要注意的"点"的作用，可编排些抖动、绕与绕环等动作，才能有好的表演效果；花条、圈等道具应注意发挥"线与形"的作用，可利用它们排成花边图案；带长柄的道具，如棒、旗等可发挥其道具特点，多选用挥、摆、绕环等动作形式；伞、扇、纱巾等都具有"面"的特点，它们的开、合、举、放等对场景的色彩变化显著。

服装是团体操表演效果重要的艺术装饰，服装的颜色搭配、款式风格有助于提高动作的表现力，增强视觉冲击力。同一个动作，服装的颜色不同，其效果就不一样。如做海浪动作，穿一身白色服装其海浪波纹并不明显，若改穿蓝色长裤、白色上衣，所形成的海浪波纹就十分明显。不同款式、不同民族的服装具有较强的文化色彩，所编排的表演动作应与其特点和文化相一致，选择适合本国、本地区、本民族群众所喜闻乐见的服装道具及表演动作，使团体操表演更富于地域特色和民族特点。

（五）动作应符合音乐节奏

团体操表演是在音乐伴奏下完成的，音乐是一场团体操的灵魂。音乐的节奏（节拍）可以认为是团体操表演统一行动的口令，创编表演动作要注意符合音乐的节奏合拍要求。表演动作的节拍一般是以 2 的平方数进行确定（2×8 拍、4×8 拍、8×8 拍、16×8 拍等），这样有利于音乐的谱曲创作。如果选择成品的乐曲，则应分析乐曲的结构，包括前奏、过门、主部（节、段）、展开部与尾声等，计算整个乐曲的节拍数有多少个 8 拍。然后确定动作的节拍，包括进场、表演、退场，整体表演结构中动作应与音乐能基本吻合。动作与音乐基本一致后，按照总体构思中所规定的主题思想与表演内容等要求，进行合拍实践，并不断修改所创编的动作或剪接音乐的段落，达到最佳效果。

（六）集体动作配合要切实可行

集体配合动作是团体操中必不可少的内容，应根据团体操的主题与编排内容需要选择确定。同时要考虑表演者的能力、年龄、性别等因素，一方面要确定人数、距离、队形与节拍的快慢，另一方面要考虑动作及其变化形式。如是采用匀速配合形式，还是"进步式"的动作变化以及表演者之间的连接动作是手挽手、肩搭肩，还是利用道具来展示等，都要经过认真设计和实践演练，选择确定切实可行的集体动作配合形式。

二、表演动作创编技巧

在设计创编表演动作时，首先要考虑前面创编提示的各种因素，同时在具体的操作中，无论选择什么样的动作素材，都要根据动作编排的基本方法进行，遵循特定的规律，体现编排的技巧性，在对立与统一中寻找平衡、协调的美感，这对表演动作的展示和表演群像的塑造关系重大。

（一）动作的齐与乱

"齐"是团体操表演普遍追求的表演效果，表演场面的大动作是靠整齐划一的动作来体现的，因此在编排表演动作时应注意选择粗线条与较容易掌握的动作。"乱"在团体操表演中是相对而言的，是对"齐"的点缀和衬托。在某种特定情况下，根据主题内容和表演效果需要，在典型图案变化的大效果中，与快速、突变紧密结合，瞬间的"乱"也是一种效果。例如，为了体现热烈、激动的场面，迅速组合某队形或图案时，出现一哄而上"乱"的场面能更好地体现热烈、欢快和新组合队形图案整齐的视觉感，以及队形与图案急速变化的效果。整齐划一的动作在团体操表演中起着举足轻重的作用，队列队形的变化、散点上徒手操、武术、军事动作等各种表演都离不开"齐"。

（二）动作的一般与重点

一般与重点的表演动作编排选择是为团体操表演动作更具层次感，根据表演内容要求和表演者的技能特长，在人数众多的场面中安排部分人完成具有特色难度和表演艺术效果的动作表演，大多数人为其表演做一般的陪衬动作从而形成主次分明、层次突显的表演效果。难度动作的选择是对整个表演需要相对而言，运用于特色场面的表演，如技巧的抛接动作、柔韧性要求较高的舞蹈动作、配合性较高的造型动作以及特殊道具上的表演。简单、幅度大、效果好的一般性动作是任何团体操表演的核心，它运用在各种场合之中。

（三）动作的动与静

动与静的表演动作组合编排能使团体操表演节奏感更为鲜明，表演将会产生一种动静分明的节律美。编排动作应根据主题思想和表演效果的需要，选择有动有静、动静结合的表演动作组合，运用动与静的编排手法具体体现在对动作组合选择和节拍或旋律的分配上。例如，长时间的动态动作后选择静态的动作（造型或空拍），也可选择分列、分队和分区域的动与静交替变换；在小组合动作中，空拍（静止）或搭拍（一拍两动）也能很好的体现动与静的效果。动态动作是团体操表演中最普遍的一类，常与静态动作结合采用，达到相互衬托，相互补充的表演效果；静态动作常用于各种组字、造型表演中。

（四）动作的快慢与刚柔

快与慢是指表演动作的速度；刚与柔是指做动作时用力的程度。动作的快寓于刚劲，动作的慢赋予柔美。动作编排要根据表现不同内容的需要和音乐旋律的特色，应注重快慢结合、刚柔并济。在选择编排动作时一般是表现欢快、热烈的内容以快速、刚劲有力的动作为主；表现抒情的内容，常选用慢速、柔和、舒展的动作。快速动作常运用在依次变化形成的翻转、推动、转动和各种队形变化过程中；慢速动作一般运用在表现各种波浪以及各种造型图案上需要的特殊效果，如花朵开合、大型器械上的造型表演等场面；刚劲有力的动作常用于男学生在各种队形上表演，表现朝气蓬勃，青春焕发的特点；柔和舒展的动作适合女学生在各种队形、图案上的表演。优美大方的舞蹈、体操的集体配合的表演，形成美丽、欢快的特征。

（五）动作的大小与高低

团体操表演时观众与场地的距离较远较高，观众的视觉不是集中在某个人的表演，而是集中在整个大场面上。所以，编排动作时主要是选择具有大效果和远效果的动作。例如，个人动作多选择两臂大绕环、蹲起、大弓步等，集体配合动作则更能显现表演动作的大。但为了衬托大动作，根据需要可适当配合一些小动作，使之形成对比，会收到很好的效果。大幅度动作在团体操中运用普遍，小幅度动作常用在"抖""摆""摇"类动作表演中。动作的高低变化是经常采用的一种动作表现手法。例如，下蹲、站立、托举等动作的高低变化，具有明显的起伏变化效果。运用时注意高位动作为主体表演，低位动作常运用在衬托表演或层次变化的特殊场面。

三、表演动作的创编素材

（一）各种常用步伐

步伐多用于团体操表演的入场、退场以及表演中的队形变换。主要有走步（齐步走、正步走等）、跑步（快跑、节奏跑、后踢腿跑等）、舞蹈步（跑跳步、踏跳步、变换步等）。

（二）徒手表演动作

徒手动作主要指徒手完成的由身体各部位相互配合所构成的动作形式。徒手动作是团体操表演的主要素材，是道具表演动作的基础。常用的徒手动作主要以健身健美操、武术、舞蹈和模仿动作等为动作选择原型。这些类型的项目既可以独立的编排进行表演，又可通过提炼、加工组合成丰富多彩的徒手表演动作。例如，武术基本功和各种拳术套路动作，是表现中华民族文化与气魄最典型的内容；各种民族舞和现代舞的步伐、动作，会更加突出民族特色及表现出一个民族的文化艺术修养，可以使团体操更加丰富多彩，富有艺术魅力；各种在外形上直接表达具体行为的工人工作、农民收割、军人操练模仿动作，以及模仿动物、自然和某些实物的拟人动作，使团体操表演更为生动活泼，贴近生活。

徒手动作的表演形式可全体一致做，对称做和交替、依次做等等。密集大方块队形整齐一致的徒手动作，给人以气势恢宏的视觉感受；若是在各种纵队、横队、圆形上做各种波浪的动作，也会形成波澜壮阔的动人场面，另有一种表演效果。在不同队形上进行集体配合动作，是团体操表演的一个主要特征。

（三）道具表演动作

道具的运用是为了更好地表现团体操的主题思想，丰富表演动作内容与形式，提高表演水平和效果，团体操创编通常运用各种道具来烘托主题，装饰和点缀队形，使表演动作和队形图案的变换构成艺术的妙境。

根据道具的大小和使用道具所用的人数，一般把道具分为大型、中型和小型三种。凡是一人能持用的道具为小型道具；两人以上能持用的道具为中型道具；多人也不便持用而只能在道具上做动作的器械称为大型道具。

1. 小道具动作。小道具包括：彩球、花束、球、圈、扇、纱巾、花条、花环、体操棍、刀、剑、旗、火炬、泡沫块等等。由于道具小，小道具动作具有形式多样，变化奇异、灵活的特点，他们是团体操最常用的道具表演形式，小道具在整个团体操表演中，可以组成点、线、面的队形和图案。单个的小道具如火炬、彩球等道具好像一个"点"；圈、花环、小旗、扇子等道具可视为一个"面"；体操棍、刀、剑等道具则形如一条"线"。大方块的集体密集造型，利用小道具还可以组合成一块大的"面"。显示"点"的道具较为活泼、灵巧、跳动多变，可多做挥舞性动作，亦可组合连线，形成各种图案；而显示线的道具可多做摆动绕环、挥舞等动作。在整个团体操图案变换和构成中，小道具以其灵活多变的特点，为团体操的主题表达和取得表演效果起到锦上添花的作用。

2. 中道具动作。中型道具有大泡沫块、大动物、梯子、架子、大布块、大国旗及各种实物模型道具。

梯子类：其特点是能够体现立体造型和难度表演，表演者可集体做梯子操或在搭建梯子造型上做由下至上的重叠造型表演，利用梯子表演动作，可组成立体图案。

大块类：是指二人以上手持大泡沫块或大布条、彩绸进行表演，可做各种转换、翻动、抖动及旋转、抛接等动作。

实物模型类：指用物体制造出动物、景物及大国旗、彩旗、标志等，由五人以上托举表演，可做起落、翻动、左右摇摆及拼图动作。大国旗可以是会旗，它多出现在一场操的结尾以点明主题。

3. 大道具动作。大型道具一般为点明主题，加强气氛而专门制作的重型器材，如威亚、翻花台、模型车、造型台等等。

威亚：利用威亚可以完成更多的空中表演动作，在空中由上向下滑降和移动道具和人物，做各种造型和表演动作，现在大型团体操和文体表演多采用威亚道具增加现场表演的空间立体效果。

翻花台：一般在团体操的最后一场或尾声中运用，目的是点明主题，烘托全场气氛，使表演达到高潮。翻花台一般放置于一个美丽而又气势磅礴的图案中央。在台上可做侧倒动作，依次、同时开合动作及旋转等动作。造型可采用人物或道具造型，在全运会团体操表演中多届都利用翻花台作了成功的表演。

模型车：多由场外进入场内表演，在车上可设置各种模型道具。有反映科学文化、经济建设的，有象征现代工农业生产情况的，也有展示教育、体育、城市改革开放成就的。表演者根据采用不同模型车所要表达的中心思想表演动作或造型，以形成统一表演整体。

（四）造型表演动作

造型表演动作是指单人、双人或者多人共同协作完成的各种静止、平衡和托举动作。这类动作结构巧妙，造型美观，效果好，能使整个表演场面趋于完整壮观。

上述几类动作是创编团体操时经常使用的表演动作素材，创编时要根据团体操的主题思想和队形图案以及表演的形式，深入现实生活，加工提炼，不断创新，以形成具有特色的表演动作，丰富团体操的表演内容，达到更新更美更高的水平。

四、表演动作的选择运用

团体操表演动作的选择创编是在主题和风格特色确定的前提下，依据音乐旋律、服装道具、场景设计等因素，从不同角度、不同方位、不同层次、不同侧重点选择或创编表演动作。只有团体操表演形式确定之后，方可开始创编动作、选择动作。因此，表演动作选择和运用必须紧扣主题，符合表演风格，适应表演各种形式。

前面介绍的团体操表演创编四大类动作素材是选择的依据，但各类表演动作存在着各种不同的特性和千姿百态的变化，在表演动作的具体选择运用时可根据以下几个方面因素选择创编。

（一）围绕主题与风格

一场团体操在围绕主题进行表演时可分为：主题表演动作、衬托表演动作、背景表演动作等。主题表演动作的选择应建立在充分表达主题思想的基础上，起着主导作用。运用时可以在使用道具或造型动作中选择幅度起伏大、变化多、动作简单易学、效果好的表演动作。同时，要结合队形和表演者的年龄、性别、做操能力等特点来选编。表演动作风格特点各异，有适合学龄前幼儿表演的欢快、稚拙、活泼的动作；有适合少年儿童表演的灵活、机敏、活跃欢快的动作；有适合女青年的柔和优美动作；也有适合男青年的刚健有力的动作以及适合老年人的缓慢绵延的动作；还有各种摹拟动作及象征性动作等等。

衬托表演动作的选择应建立在陪衬的基础上，起着辅助表达主题的作用。运用时不可喧宾夺主，中小型团体操创编中常常采用大彩旗、大横幅、彩带或者利用观众头上帽子的不同色彩进行表演。因为它与其他形式的团体操背景表演有较大的区别（经费或人员不足），故在选择表演动作时应求相对稳定，整齐不乱。

（二）符合表演的内容

团体操表演在内容上不受限制，由于素材选择的不同，反映主题与风格的内容多种多样，常见的有：体育类动作表演、舞蹈类动作表演、军事动作表演、象征性动作表演、专用器械动作表演等。

体育动作的选择是团体操普遍采用的表演形式（徒手操、队列、武术、技巧等各种类型的体育竞赛动作）。通常选动作应强调体育表演特点，选择青春靓丽的健美操和有一般技术难度的体操、技巧、武术等代表性较强的动作，起着鼓舞士气，振奋人心，声威撼人，努力进取，奋发向上的特殊效果。

舞蹈动作的选择同样是团体操创编的侧重点（民族舞、现代舞等）。通常选择动作大众化和浓郁的民族特色的动作内容，选择符合本地区、本学校特色的各种舞蹈。舞蹈动作用于集体表演时，要选择有代表性的、典型的，简单的、较短段落的，易掌握和容易排练整齐的动作。较为复杂的，难度大的舞蹈动作只能由少数人或技术骨干表演。在设计团体操舞蹈动作时，不能拘泥于人物思想感情的表演而要特别注意表演的大效果，远效果，整体感觉。

军事动作也可用在团体操创编中，有各种队列操练、射击打靶、格斗、飞行员动作表演、通过障碍等。用它反映表演者高度地组织纪律性，时代的精神面貌。使表演者在训练中，增强体质，形成良好的体姿体态，提高集体主义观念和组织纪律性。

象征性动作的选择是为了更好地表达团体操反映的主题思想，动作选择要紧扣表演的风格和特点。

专用器械动作选择在团体操创编工作中运用较少，只有在其他队形动作不可能充分表现主题与风格特点，而且有经费保证的情况下，才考虑采用专用器械的表演动作。动作选择必须根据器械设计特点，起到点明主题，加强表演气氛的目的。

（三）依据动作的特点

团体操表演动作特点可以大体划分为原地、行进间、造型三类。原地表演动作在选用上可从单人原地表演动作、多人原地组合表演动作、图案上原地表演等主要方面考虑。其中，单人原地表演动作在选择上应考虑动作幅度大、效果好、动作简单易学。多人原地组合表演动作选用应考虑静态与动态之间变化明显、对比度强、表演效果好的动作。图案上原地表演动作选择应考虑图案造型特点，能充分展示图案效果，动作简单幅度大。行进间动作多以步伐、跑跳结合手臂（道具）动作用于完成队形图案变化。造型动作以平衡、托举和叠罗汉为主，大多是静止形式，一般在开场、结束、图案和典型队形造型中运用。

(四) 遵循表演的过程

团体操动作表演在创编中常由开始表演动作、变换表演动作、高潮表演动作、结束表演动作几部分组成。选择和运用开始表演动作必须考虑符合它所表达的主题风格，在新、奇、美上下功夫，同时路线、方向、道具、音乐的合理协调配合也须考虑。选择变换动作应遵循就近、迅速、整齐不零乱的原则，在巧妙与出人意料上下功夫，达到使观众在变换中体会动态美、造型美的效果。运用时注意抓住变换动作特点与要达到的效果在方向、形态、路线、身体动作等方面形成和谐统一。选择高潮表演动作往往与所持道具或队形造型相辅相成，应考虑动作间的主次、表演中的虚实、对比关系和最佳表演效果，运用时注意高潮表演动作应突出特色，渲染气氛尤其重要。选择结束表演动作应遵循严谨、整齐、快速的原则，选择动作简单，但充满着激情，振奋人心的动作。

(五) 注重动作的创新

创新是团体操发展与能否表演成功的关键。它包含队形、图案、动作等方面的创新，其中创新动作选择应立足于表达清楚队形或图案需要反映的主题与表演风格。从构图的合理、巧妙、优美、高雅、士气等方面和队形的排列、搭配、变化等方面去选择创新动作。同时依据表演动作素材和创编技巧，巧妙运用表演动作的快与慢、动与静、高与低、虚与实、难与易、大与小、齐与乱等这些既对立又统一的表现因素，构成团体操创新、连贯、层次分明的动作表演要素，只有合理、有效、巧妙地将各个对立因素相互衬托，互相补充，才能出新、出奇，使各方面达到最佳的表演效果。

五、常用集体配合动作

由于团体操的表演任务是由众多表演者共同配合完成的，所以它的集体配合动作丰富多彩，其中，最典型的集体配合动作是"波浪"和多人造型。这两类集体配合动作已成为团体操独特的表演动作语汇。

(一) 波浪

"波浪"是由集体表演者在各自位置上，以不同的姿势开始或以同样姿势不同时间开始，依次匀速地做同样的动作，形成近似波浪效果的集体配合表演。

团体操波浪的种类有很多，站不同的队形，持不同的道具，做不同的动作，都会产生不同的表演效果。不同形式的波浪还可以用来表达不同的主题、内容、意境。满场众多的横排波浪可绘制出一幅波澜壮阔的宏伟画卷，抒发乘风破浪、勇往直前的壮志豪情；手持荷叶扇组成的波浪，犹如清风掠过湖面，泛起层层叶浪，抒发着一派碧水风荷的柔美之情；站成一路纵队，用竹竿表演的摆浪，意在表现排山倒海之势，顽强拼搏之气；在弧线和圆上的波浪，充满韵律感，体现节奏美，通常用来表现活泼欢快的气氛和场景；手持麦穗表演的麦浪，展现着一派丰收的景色，表达着欢庆丰收的喜悦之情。

波浪的做法有三种：

第一种：在原地利用身体上下起伏（蹲起或身体屈伸）形成各种波浪。

第二种：在原地转体或左右移动，同时两臂在不同面上做绕或绕环动作形成各种波浪。

第三种：身体姿势不变，采用向前后或向左右跑动形成各种波浪。

1. 横排浪。

（1）依次起落浪。如图 2-92 至图 2-93 所示。

依次起落浪是波浪类动作中最简易、最基本的一种。它是表演者由同样的预备姿势依次起动，匀速做同样动作所形成的浪的效果。依次起落也可以在其他队形上做，关键是排头人掌握好速度和节奏，其他人依次跟着做，避免同起同落或脱节。

图 2-92

图 2-93

（2）拱浪。如图 2-94 至图 2-95 所示。

波浪是由若干个浪峰构成，拱浪是峰谷不移动的浪。这种浪的效果是原地起落，浪谷变浪峰，浪峰变浪谷，浪峰没有移动。一般常以 8 人为 1 组（或 16 人）形成 1 个浪峰。

图 2-94

预备姿势：

1号全蹲，2号深蹲，3号半蹲，4号微蹲，5号直立，6号微蹲，7号半蹲，8号深蹲。

动作做法：

1拍3、7号不动，1号由全蹲变直立，5号由直立变全蹲，2号与8号由深蹲变微蹲，4号与6号由微蹲变深蹲。

图 2-95

2~4拍不动。

5拍还原成预备姿势。

6~8拍不动。

2. 走浪。如图 2-96 所示。

图 2-96

走浪是峰谷移动的浪，即由峰谷的移动产生走动的效果。

预备姿势：同拱浪（以8人1组为例）。

动作做法：

每人由不同高度的姿势开始起动，匀速做蹲起动作。1、6、7、8号先向上起，2、3、4、5号先向下蹲，均依次经过直立和全蹲，8拍循环返回预备姿势。

在做动作中注意每个人经过最高点（直立）和最低点（全蹲）的拍节：

预备姿势1号最低，5号最高；

1拍2号最低，6号最高；

2拍3号最低，7号最高；

3拍4号最低，8号最高；

4拍5号最低，1号最高；

5拍6号最低，2号最高；

6拍7号最低，3号最高；

7拍8号最低，4号最高；

8拍1号最低，5号最高。

走浪可徒手做，也可持轻器械做。由于动作不同或持不同的道具，会产生不同的表演效果。

（1）麦浪是在身体起伏的同时，手持道具经过体前绕环形成的浪。如图2-97所示。

图2-97

（2）叶浪是蹲起同时手持叶形或扇形道具上举下落形成的浪。如图2-98所示。

图 2-98

（3）交叉勾手浪的预备姿势是两臂体前交叉，相邻的人相互拉手，之后举至头上平屈。在做动作过程中两臂始终保持头上平屈。做蹲起同时配以上体屈伸，并稍有左右转动。如图 2-99 所示。

图 2-99

这种浪还可以跪在地上用上体的屈伸与扭转，配以腿的跪坐与跪立，形成波浪效果。这种浪在徒手做的波浪中有明显的浪峰滚卷的效果，故称之为卷峰浪。如图 2-100 所示。

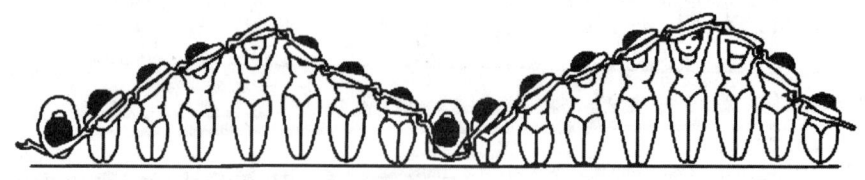

图 2-100

3. 纵队浪。

(1) 依次起落浪。如图 2-101 所示。

表演者站成纵队，依次做同样的动作（蹲起、体前屈、转体、前倒、后仰等）。可由前向后做，也可相反做。

图 2-101

(2) 摆浪。如图 2-102 所示。

摆浪也称摆龙。是表演者手持道具左右划弧形成的效果。最简单的做法是按依次起落浪的方法起动，排头 4 拍向左（右）划弧，4 拍向右（左）划弧，后面人依次跟着做。

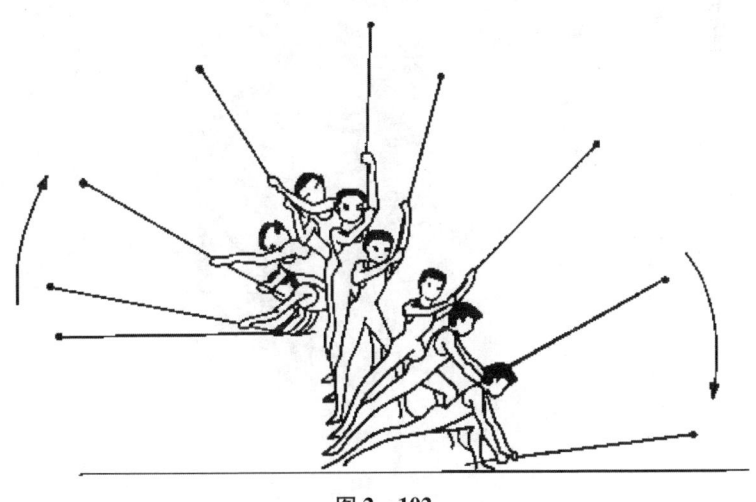

图 2-102

(3) 卷浪。如图 2-103 至图 2-104 所示。

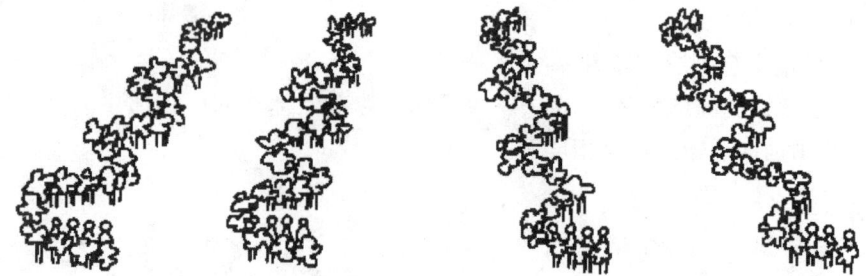

图 2–103

图 2–104

卷浪也称卷龙。卷龙本身的做法有多种，仅举一种作以介绍。8人为1组成纵队站立，两手持打开的扇子（两手拇指向外，扇端朝下，扇面朝前，两扇内侧接搭）。

预备姿势：

1号下举扇；

2号左侧下举扇；

3号侧举扇（身体左转）；

4号左侧上举扇（身体稍左转）；

5号上举扇（身体背向主席台）；

6号左侧上举扇（身体稍左转）；

7号侧举扇（身体左转）；

8号右侧下举扇（身体转向主席台）。

动作做法：

每人由预备姿势开始按逆时针方向匀速做原地提蹲碎步转体动作，同时配以手臂绕环动作，每拍绕一个位置，8拍绕1周回到预备姿势。注意每拍到位的准确和整个动作的连贯流畅。

4. 圆形浪。本教材仅介绍一种难度较大，但却是团体操典型的且表演效果最佳的圆形浪——滚转。如图2-105至图2-108所示。

12人围成1个圆（背向圆心），手持扇子或藤圈、花条等道具。首先明确4个关键人，即1号、4号、7号、10号。关键人要站在正十字位置上。

预备姿势：

1号全蹲，道具前下举；

7号直立，道具上举；

4、10号半蹲，道具前举；

1~6号人由全蹲、深蹲、半蹲到微蹲，位置逐渐升高；

7~12号由直立、微蹲、半蹲到深蹲，位置逐渐降低，手持道具形成前低后高的斜面圆。

动作做法：

先训练4个关键人。

1~4拍1号逐渐成直立，7号逐渐成全蹲；4号经直立成半蹲，10号经全蹲成半蹲。

5~8拍1号逐渐还原成全蹲，7号逐渐还原成直立；4号经全蹲还原成半蹲，10号经直立还原成半蹲。

关键人训练好后，其他人跟随左侧人依次起蹲，每人必须经过直立与全蹲位以及手臂的上举与下举姿势，8 拍还原成预备姿势。

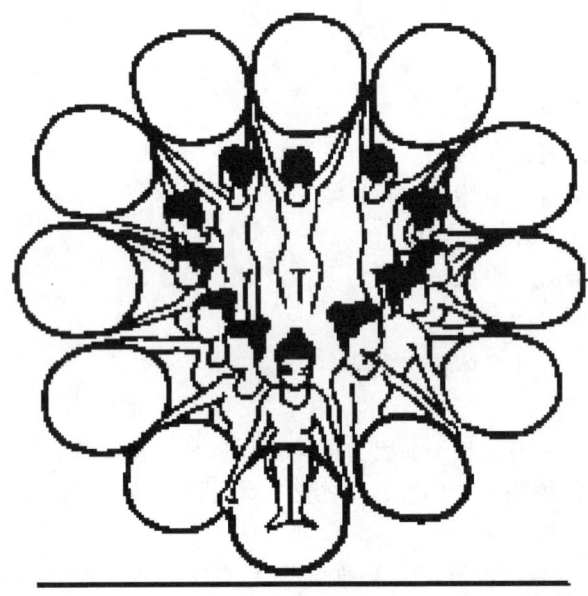

图 2-105

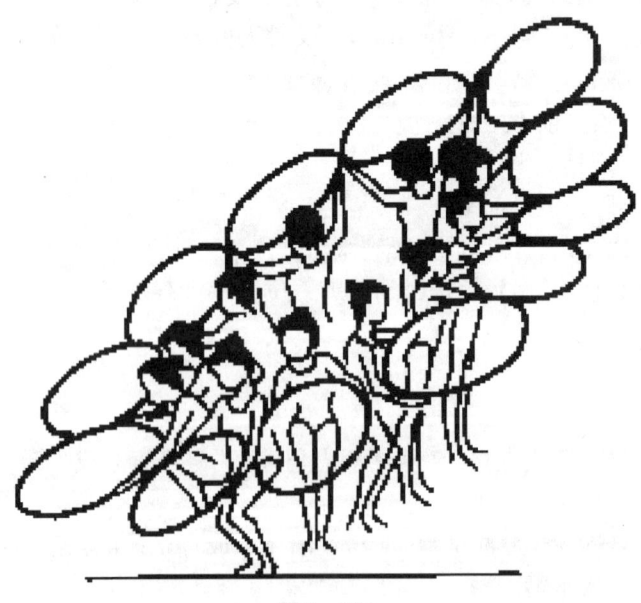

图 2-106

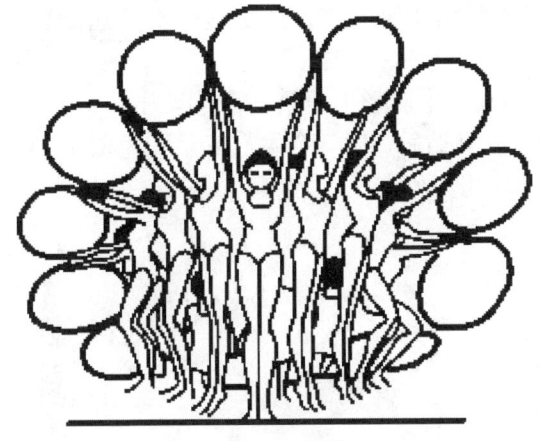

图 2-107

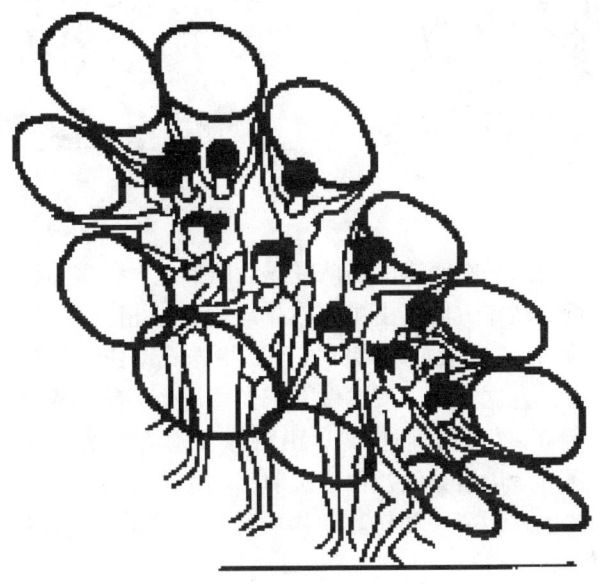

图 2-108

（二）依次动作

在不同的队形与图案上做各种依次集体配合动作是团体操表演中广泛采用的一种动作。常见的有更迭式动作、交替式动作等。依次动作的特征是不同的时间序列中做相同的动作。它包括以个人为单位或以集体为单位两种形式，在若干节拍内或在一个轮换周期中完成。但可以根据编排内容需要，在若干次的依次动作后节拍加快一倍,使更迭、交替速度加快,可达到很好的表演效果。

1. 更迭式动作。在一个队形上,第一个人动作开始后,第二个紧接着开始做同样动作;第二个人开始后,第三个人紧接着开始做同样动作,依此类推形成更迭式动作。如图 2 - 109 所示。

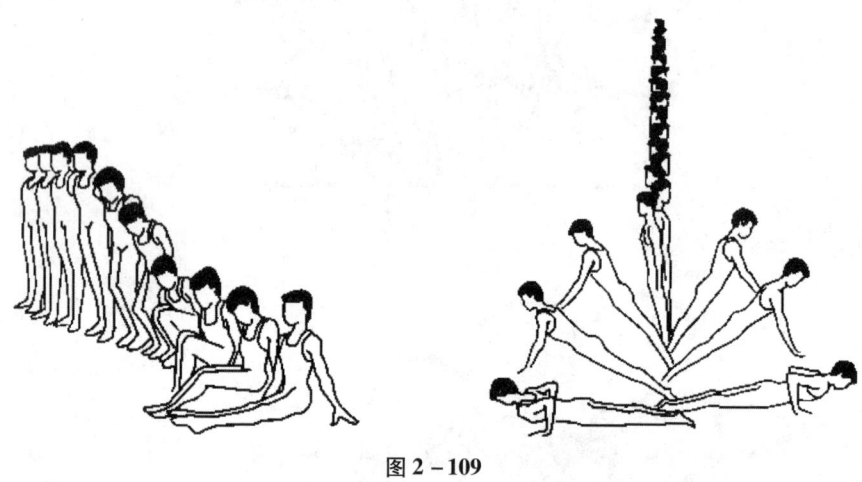

图 2 - 109

更迭式动作一般采用在密集的横队或纵队队形上做,多路纵队或多列横队也按照以上方法进行。动作方向可由排头向排尾做（或相反）,也可以由队伍中央向两侧做（或相反）。在组成放射形图案上做更迭式动作,具有光芒的效果。常见的更迭式动作有:直立开始,依次做下蹲、直角坐、前倒成俯撑等;由直角坐开始依次做肩肘倒立、仰卧、仰撑等;由蹲撑开始依次做两腿后伸成俯撑动作等。更迭式动作还可运用道具做各种依次动作。如手持小旗、小花圈等道具,采用举、绕、绕环的形式做依次动作。动作的开始至结束应按规定好的节拍完成,然后快速还原成开始姿势。

2. 交替式动作。以某种基本图素组成的队形与图案,各图素或各部分图素按照节拍或先后顺序做动作,使之在队形结构的点与点、线与线、面与面等图素做交替动作以达到画面起伏对比的效果。例如,散点队形分别按横队与纵队的单、双数,交替做蹲起动作。如果手持不同颜色的道具做交替动作,效果会更好。面与面的交替动作,可以按面的图素排列成的队形做。如图 2 - 110 至图 2 - 111 所示。

图 2-110

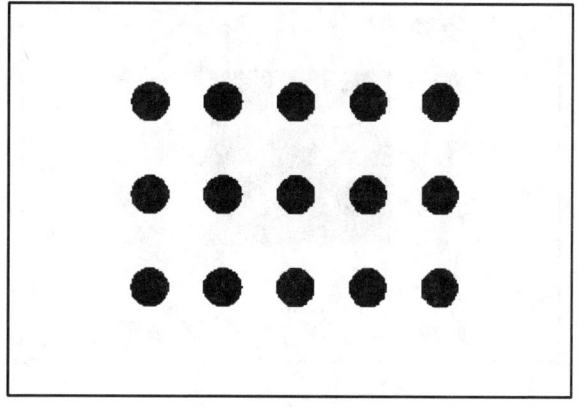

图 2-111

如果是一个大的块状队形或图案,可将其进行分区。每个区都视为一个面的图素。一般来说,分区时应根据等分规则,即路数、列数应一样,形状大小应相同。常见的有如下几种分区法:(1)按纵队分区,由数路纵队组成(如图 2-112 所示)。(2)按横队分区,由数列横队组成(如图 2-113 所示)。(3)按形状分区,将块状队形分成若干形状的图素(如图 2-114 至图 2-115 所示)。线与线的交替动作是以线条为交替对象,它可以在线条队形上进行编组做交替动作(如图 2-116 至图 117 所示)。此外,也可以在空心的双层或多层带角与圆形队形上做。

图 2–112

图 2–113

图 2–114

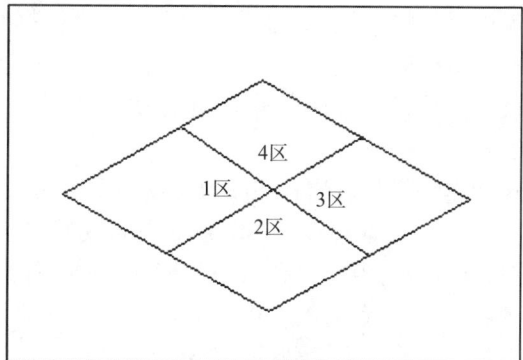

图 2-115

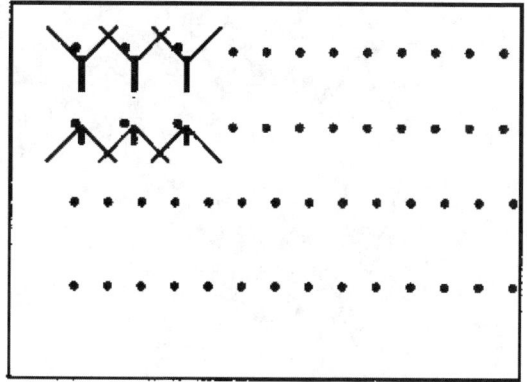

图 2-116

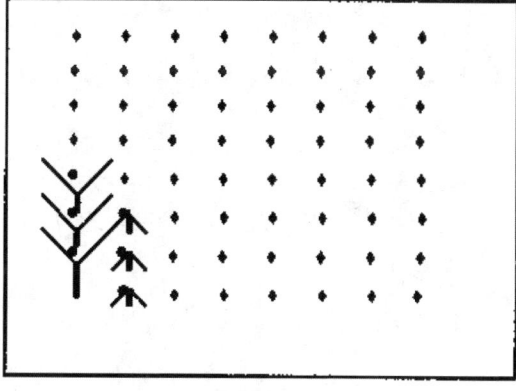

图 2-117

交替式动作，无论是依据"面"，还是"线"，都应根据队形的特点来选择由前向后或由后向前、由内向外或由外向内、由两头向中间或由中间向两头等交替方式，也可根据设计与编排需要，利用道具的挥摆、起落等做交替动作。

（三）开合式动作

更叠式与交替式动作一般是表演者在原地做重心上下起伏或利用道具做起落动作。开合式动作主要是以人体的移动在图素的同向或反方向移动换位中完成。由于该类动作常用在相套的图素中，所以，开合动作有如下两种形式。

1. 单向开合。在若干个相套的图素中做同向移动，使表演者一起向中心靠拢，然后再反向离心移动，产生开合效果。如图 2-118 至图 2-119 所示。

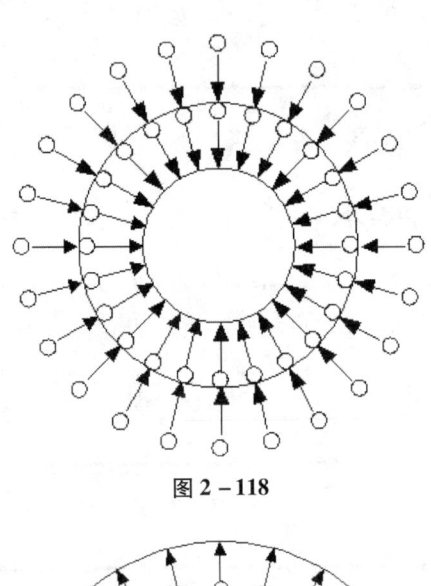

图 2-118

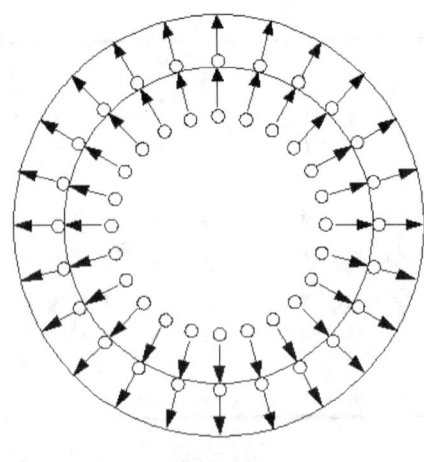

图 2-119

2. 双向开合。在若干个相套的图素中做反方向的移动，使靠近中心的表演者向外移动，远离中心的向内移动，产生交替的开合效果。如图 2–120 至图 2–121 所示。

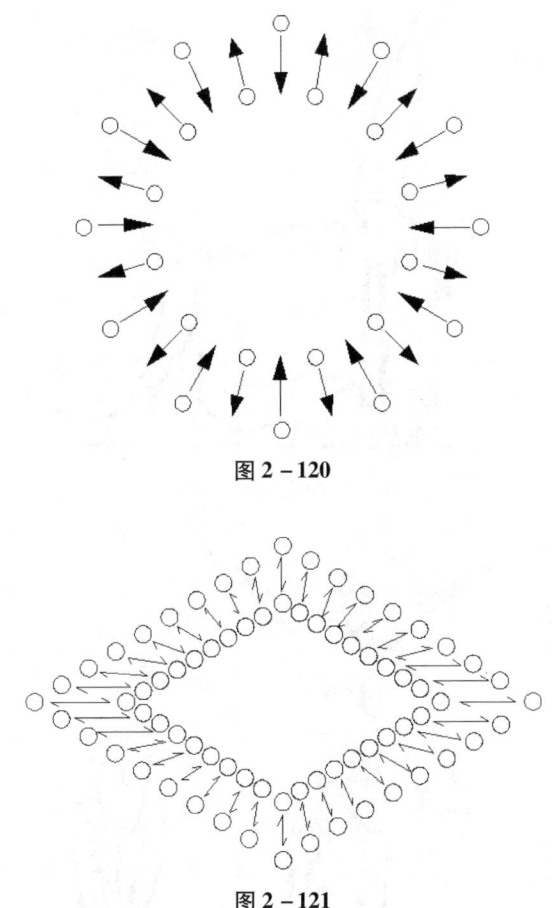

图 2–120

图 2–121

（四）造型

团体操的另一个典型的表演动作语汇是多人造型。采用多人、多层次、多种类的组合造型，可使团体操的场面更加壮观、结构巧妙、突出立体效果或显示难度的造型动作，还能进一步表现主题，提高表演效果。造型动作包括双人造型、三人造型、多人造型和叠罗汉动作等。下面仅举出几种不同的造型范例供学习者参考。

1. 双人造型。如图 2–122 至图 2–126 所示。

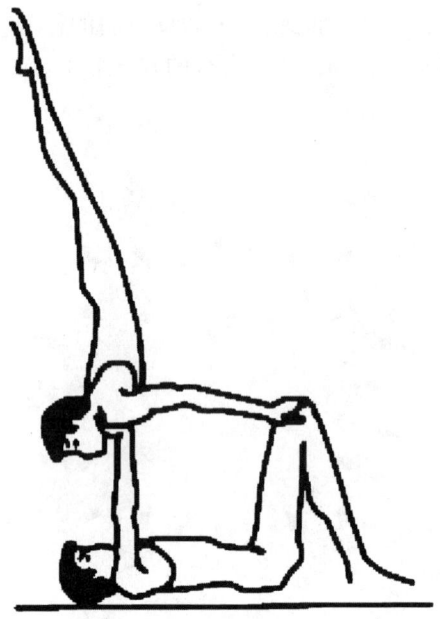

图 2-122

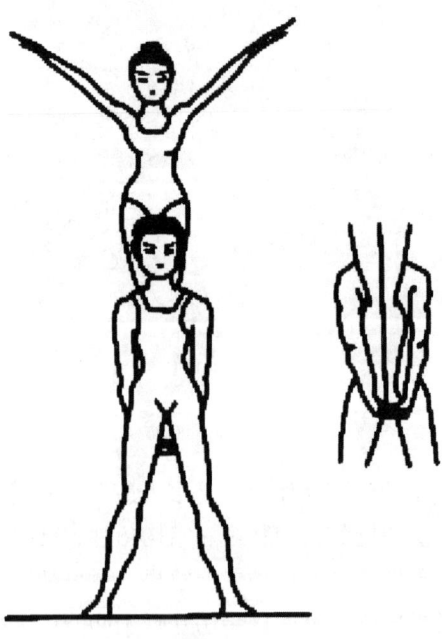

图 2-123

第二章 团体操创编理论与技术 ·97·

图 2-124

图 2-125

图 2-126

2. 三人造型。如图 2-127 至图 2-134 所示。

图 2-127

图 2-128

第二章　团体操创编理论与技术　·99·

图 2-129

图 2-130

图 2-131

图 2-132

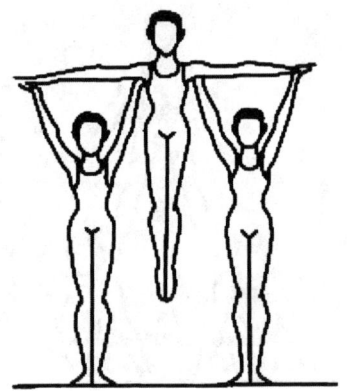

图 2-133

图 2-134

3. 多人造型。如图 2-135 至图 2-143 所示。

图 2-135

图 2-136

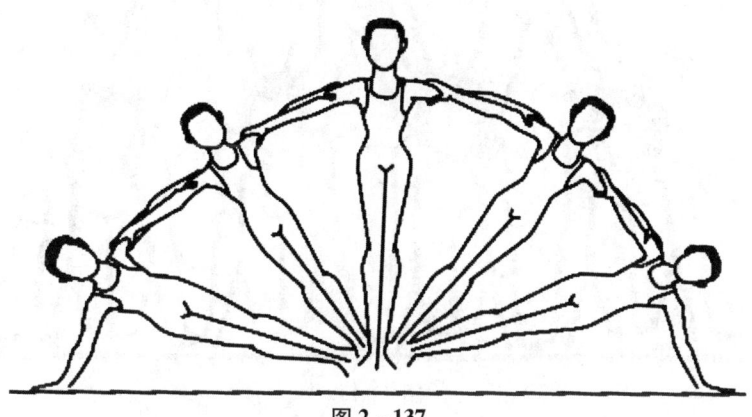

图 2-137

图 2-138

图 2-139

图 2-140

图 2-141

图 2-142

图 2-143

思 考 题

1. 主创团队的构成与各自的工作职责是什么?
2. 设计创编团体操应从哪几个方面进行总体构思?
3. 制定团体操具体实施方案包括的内容形式有哪些?
4. 简述团体操创编原则和应注意的问题。
5. 团体操的队形、图案分几类? 有哪些入、退场方式?
6. 简述团体操设计图形构图的基本特性、变化规律和方法。
7. 简述团体操队形与图案设计时应注意的事项。
8. 团体操动作编排遵循的基本原则有哪些?
9. 团体操表演动作分哪几类? 如何选择运用?
10. 什么是团体操集体配合动作中的"波浪"?

实践应用题

1. 选择已掌握的健美操或健身舞成套动作设计 10～15 个队形变化, 并画出队形图和注明节拍。
2. 设计自编并用简图画出 3 种 2～3 人造型和 2 种 4～6 人造型图。
3. 课后以 12～24 人为一组集体持扇子或徒手练习"走浪""卷浪""圆形浪"。
4. 以 PPT 的形式设计一个学校小型运动会开幕式团体操的创编方案。

第三章　团体操艺术装饰设计与选配

【内容提要】

团体操的艺术装饰是指采用音乐、服装、道具、背景等艺术本身固有的特点与方法，来充实丰富团体操的表现力和感染力，从而提高表演的艺术效果。本章就团体操表演音乐的功能特性、音乐的创作与选编及方法进行了介绍；对团体操服装的种类、选择、设计，道具的种类、选择与制作，背景表演的表演区域与人数，背景画面的设计与道具制作等一系列团体操的艺术装饰内容进行了阐述。

【学习目标】

1. 了解团体操各种艺术装饰的特点、种类和形式。
2. 了解团体操进行艺术装饰的作用与效果。
3. 掌握团体操音乐、服装、道具、背景、色彩等艺术装饰要素的选择提炼、制作运用、和谐搭配等技术技巧和方法，以及如何提升团体操表演的艺术效果。

第一节　团体操表演的音乐

音乐是团体操的灵魂和重要的艺术装饰与点缀，音乐是团体操的指挥信号，起着指挥者与表演者的动作达到整齐划一的组织作用。没有了音乐也就无法进行团体操的表演。音乐的选配需要与团体操的主题和表演层次密切结合，起到充实表演主题，渲染表演气氛，使观众获得视觉和听觉的统一，达到较高的表演艺术水平和效果。团体操的音乐不仅为观众观看表演创造最适宜的心理状态，而且能使表演者连成一个整体，启发表演者有感情地、轻松自如地、整齐地去完成表演动作。因此，音乐在团体操的设计创编与表演中起着至关重要的作用。

一、团体操音乐的功能特性

（一）指挥信号、愉悦心灵

音乐是现代团体操的指挥信号毋庸置疑，团体操诞生初期用口令、哨音来指挥，已随着团体操不断的发展而被淘汰，现代各种器乐、声乐等类型的音乐伴奏已完全代替了口令、哨音指挥表演的功能，唯美震撼的音乐还可以烘托气氛，表现主题。不同风格的团体操需选用不同的音乐，但是作为广场体育艺术的团体操，因为它表演人数多，表演者水平参差不齐，表演场面大，表演内容丰富，所以其音乐总的特点偏于气势宏伟、旋律清晰、节奏鲜明、速度不易过快。

音乐不仅为观众观看团体操创造最适宜的心理状态，而且通过那些雄伟地或委婉地奏响的声音，使观众对这些声音产生感受和理解，从而使人们在欣赏团体操表演时感受到某种精神上的愉悦。从传播学的角度看，团体操的主题歌、主题曲得以广为流传的原因，在于它本身所具有的独特的大众传播特性。团体操的音乐现已成为团体操表演的灵魂。

（二）语言补充、寓意表达

团体操音乐主要是凭借它特有的节奏与旋律特点，营造一种意境，表达语言无法表达的寓意，是语言的延伸和补充。团体操集体表演时，音乐的旋律是清晰的，节奏是鲜明的，才有可能指挥表演者的动作有序、整齐。在团体操的进场、退场或队形变化时运用打击乐器或强有力的吹奏曲，能给表演者以必要的提示。在表演达到高潮前，从完整性的乐段到简短的过渡性音乐，常常是为了组成较复杂的队形或图案，借以形成一场操的高潮。高潮出现时，音乐气氛常常是热烈的。所以，团体操的音乐具有指挥表演的组织和传递信息与表达寓意的功能特性。

二、团体操音乐的创作与选编

（一）应突出团体操的主题与风格特点

音乐作为团体操表演的灵魂绝不是消极单一地配合表演，而要发挥音乐本身的独特作用，力求表达主题思想。针对表现重大庄严的题材，要选择雄伟、壮丽、气势磅礴的基调。在音乐作品的体裁上，多选择交响乐、管弦乐等。在渲染特定环境的气氛与各种操的风格时，一方面可以引用正在群众中流传的歌曲音调为素材，另一方面要对音乐的素材进行精心的选择或创作，使音乐形象更加准确、鲜明、生动。例如，现代京剧添加了打击乐伴奏形式，使古老的戏剧具有现代风格，让人耳目一新。所以，有些情况下团体操的音乐单靠器乐伴奏是不够的，有时采用独唱或大合唱的形式，对表演气氛的渲染、更好地突出主题起到锦上添花的效果。

(二) 应适合表演对象与道具特点

团体操表演者和选用的道具是配合一致的，而音乐的创作与编选必须适合表演者的年龄、性别与道具特点。例如，儿童团体操的风格与特点是天真活泼，乐曲多采用明朗、跳跃的儿童乐曲。如果采用含蓄、深沉的乐曲，他们很难理解和体现乐曲的内在感情。音乐更需要与道具完美地结合，如选用扇、花、纱巾等"软"道具，适合抒情、优美的乐曲。反之，如果是棒、枪等"硬"道具，则适合编选有气魄的强有力的乐曲。

(三) 应符合表演动作的结构与队形变化特点

团体操一般可分为若干场次，单场操也可以分为若干片段，每段又有若干节，还有队形变化与进退场等。所以，音乐的创作与编选时，要对表演的时间、动作节拍、队形变化距离与步数以及各环节的衔接有准确的计算，使音乐和操化密切配合。团体操动作的速度规格具有一定的规律性。操化与舞蹈动作一般情况下每分钟大约78~96拍。队形变化中，如果采用欢快的碎步，每分钟大约132~144步的行进速度，每分钟大约108~120拍。有节奏的跑步约为168拍。长距离变化队形用的快速跑步，音乐可用任意的快板。

三、团体操音乐的创编形式与方法

团体操音乐的配乐形式主要有两种：一种是"创作"，即请音乐专业作曲人员根据团体操主题或分场中心思想设计思路和要求进行编制或创作；另一种是"选编"，即选择现成的乐曲结合表演的内容和动作以及时间等因素进行剪接合成制作。在大型团体操和文体表演的设计创编中，由于资金雄厚、人才济济，时间准备充足，多以创作的形式配乐，而中小型团体操多选择现成的乐曲。

音乐伴奏是团体操表演的重要组成部分。团体操能否表演的成功，在一定程度上取决于音乐伴奏情况，所以，我们还应当了解音乐具体配乐的步骤与方法。

(一) 团体操音乐的配乐步骤

1. 创作配乐形式的基本步骤：

(1) 作曲人员要参与团体操的总体构思，根据主题需要确立音乐的表现题材。

(2) 根据团体操的构思，创作出主旋律的大样，经试唱、试奏和主要动作的配合同步配乐，发现问题及时修改。

(3) 谱写音乐总谱。谱写前作曲人员应与编操者配合确定动作及队形变化的速度和形式，计算其准确的节拍与时间。

(4) 录制训练试用的音乐。可用小型乐队的简单配器进行分场录音，在乐队排练与录音时，最好编操者或表演骨干现场做动作，音乐与动作变化的节奏节拍能协调一致。

（5）正式录音。通过实际的排练和音乐的试用，对个别节拍与时间不吻合的细节进行调整修改后，没有发现与训练的音乐不符时，就可以正式录音。在条件许可的情况下，根据每场操的不同内容、风格与特点，请不同的乐队演奏并录音。

以上的音乐创作步骤，一般是先有队形图案的设计和操化的动作，然后，在编排者的配合下，作曲人员进行创作，或者是编操与创作曲子结合进行。

2. 选编配乐形式的基本步骤：

（1）选择现成的乐曲作为团体操的音乐，首先要根据操的主题思想确定音乐题材。

（2）在搜集大量的音乐素材中，选择能反映主题与团体操表演风格的主旋律乐曲。

（3）合成制作，选定了一首乐曲或者选择了一部乐曲的主旋律等，但是不能很好地满足一场操的时间、节奏等要求，可以采用将具有相同风格的若干部分（乐段）的音乐剪接在一起，运用音乐剪辑软件，根据具体需要进行音乐的裁剪合成，以满足团体操的具体编排要求。

以上的音乐选编步骤，一般是先大体确定表演的操化动作和队形变化，然后，根据选择的音乐进行合拍试练和表演动作与队形等的调整，确定音乐剪裁合成的乐段和时间，最后完成编辑合成。

（二）音乐与表演内容结合设计方法

在团体操总体构思的指导下，以初步编选的音乐为线索，要进行分场阶段的设计编排。这一阶段可以分为进场、段落划分、段落编排、退场几个具体部分。

1. 进场。设计进场的方向与路线，可按不同的队形，可以从正面也可以从两侧或四角等进入表演场地。方法上可以选择依次的、同时的、分散的、集中的等等。在行进中采用分队走、并队走、改变方向走或跑等形式，使表演一开始就吸引观众。在选定以什么方向、路线与方法进场后，要根据场地条件，出入口的位置、数量和大小来设计，并计算进场的时间与步数，以利于音乐节拍的最后确定。

2. 段落划分。根据音乐的结构，首先划分出音乐由几个段落构成，然后算出各部分的节拍，进而初步考虑哪段乐曲配什么动作，哪些段落是主要的环节，整个音乐的高潮在哪里，用什么队形与图案，队形的变化出现几次等。这样就把一场团体操的创编大大地向前推进了一步，为具体的队形与图案设计、动作编排的顺利进行提供了重要的条件。

3. 段落编排。团体操具体的队形与动作设计创编通常按段落进行，但它们是相辅相成的。一般情况下，根据不同的音乐段落先设计队形与图案，然后在不同音乐段落的队形上编排与它相适应的动作或组合动作。这时就要注意动作与队形必须适合于音乐的风格节奏。

（1）队形与动作的基本编排方法。对一场操的音乐已经相对确定的情况下，常用的队形与动作的编排有如下几种基本方法。

①按乐曲的节奏编排。节奏的基本要素是节拍，指音乐中交替出现的有规律的强弱、长短的现象。通过乐曲节奏的变化，计算其节拍，把操的队形变化和动作有机地组织起来，使之构成有快慢起伏的运动，它不仅可以产生出多种多样的队形与动作变化，而且还可以表现出不同的情绪，形成表演场面的大动势、大起伏的表演效果。

②按乐曲的旋律编排。乐曲的旋律是由各种不同的音高、不同长短的音符所组成的。音乐的意境和艺术魅力是从旋律的起伏变化和抑扬顿挫中表现出来的。旋律是音乐的主要表现手段，它将音乐的基本要素有机地结合在一起，成为不可分割的统一体来表达一定的情感。例如，编排多变的动作，设计急速聚散、流动等队形，可配合富有激情的音乐旋律；编排轻巧的跳跃性动作、简洁的队形转换等，可配合轻松欢快的音乐旋律。因此，编排设计与音乐旋律相吻合的队形与动作，不仅可以很好地烘托和渲染乐曲的气氛，而且能使团体操的表演别具风格。

③按乐曲的意境编排。意境是指艺术作品通过形象的表达而呈现出来的境界和情调。意境是一种想象中的意境，它的美是含蓄无垠、细致微妙的含蓄美和朦胧美，具有一定的模糊性。按乐曲的意境去编排队形与动作，不是通过戏剧性的动作或表情去表达某种特定的情景，而是通过团体操的特有的队形与动作表演，结合音乐的效果，表现出一种模糊的、朦胧的场景，使人产生美的意境。按乐曲的意境编排队形、图案和动作不仅关系到对表演的灯光、背景、道具等"舞美"手段的配合与运用，而且对创编者的创作才能提出很高要求。

（2）段落编排中高潮的处理。在一场团体操的表演中，高潮所占的时间并不太长，但却是一场团体操中最精彩最吸引人的部分。一般来说，段落划分中音乐的高潮出现在哪一乐段而编排时就相应地把最能展示音乐高潮部分的队形、图案和动作编排在此处。在音乐的快速节奏中队形的快速流动，为高潮出现前综合队形与图案的出现储存"能量"。综合队形与图案往往带有歌颂性、赞美性、大场面，它可以一目了然地点明主题，提高场上效果、气氛，掀起高潮。

4. 退场。设计退场应尽量使表演者较快地有组织地退出表演场地。退场的方向与路线可以选择场地的正面、两侧或四角等退出表演场地。退场队形一般是在表演的最后一个队形基础上,迅速密集成纵队、横队或方形等队伍,用走步或跑步等迅速退出场,也可以在表演结束图案的基础上,边组织变化成某一队伍边退场,无论是向什么方向,以什么队形退场,都要结合本场退场和下一场进场音乐的衔接融合。

第二节 团体操表演的服装

团体操服装设计与选择是一项重要的艺术装饰,通过服装可以表现团体操的主题,渲染气氛,增添色彩。有些服装还可以扩大人物形象,兼任道具,可通过变换色彩以增强队形图案或动作的层次感和表演效果。体育服装常被选用表演服装,既简捷明快、富有时代感,利于表演者做大幅度或高难度的体育动作,又突出了广场体育艺术表演的风格。特别是我国作为一个多民族国家,有着丰富的服装资源和文化,把多姿多彩的民族民间服饰选择和运用到团体操艺术装饰中,更加增添了团体操绚丽而神秘的民族文化色彩。

一、团体操常用的服装种类

（一）运动服类

体操服、健美操服、艺术体操服、专项运动服、一般性运动服、体育休闲服、武术服、马术服等。

（二）舞蹈服类

古典、现代、芭蕾、民族、民间等舞蹈服；时装表演服；戏剧服；杂技服。

（三）职业服类

军服、具有代表性的工人、农民、学生服装等各种行业服。

（四）仿生服类

仿花、仿飞禽、仿动物、仿树类等服装。

（五）超现实服类

太空服、科幻服、机器人装、图腾装、兵马俑装等。

二、团体操表演服装的功能特性

团体操不同的表演服装具有各自不同的艺术风格和文化特征,它的功能不言而喻是多方面的,艺术装饰是最突出的,还有文化传递、色彩渲染等等。团体操常选用的服装概括起来有以下几个特性。

（一）服装的民族感

团体操表演的主题选择多以本国、本地区的民族文化为表现内容，而每个民族都有自己独特的文化传统与风俗习惯，因而每个民族的服装也都有自己的民族特点，就像我国五十六个民族的服装都各有自己的特点。例如，蒙古族人民喜爱的长袍、马靴，服装的色彩单一但色调鲜艳；维吾尔族人民能歌善舞，富有艺术气质，他们的服装造型和色彩富有变化，新颖活泼，艳丽夺目，衬托出他们开朗活泼的特征；汉族的秧歌服装则喜欢大红大绿，粗犷奔放。因此，大中型团体操表演中为体现地域特色常选用民族感的服装进行文化渲染和烘托，以此反映本地民族文化和人民的精神风貌。

（二）服装的时代感

团体操表演的风格是随着社会发展而变化的，需要展现当代社会、经济和科技文化的现状，因此，不同的时代对于服装的审美标准是不同的。改革开放三十多年以来，人们的物质和文化生活水平飞速提高，对服装的审美要求、式样和色彩日益趋向明快简洁和时尚。所以，团体操的表演服装选择也不断丰富多样，时尚新潮的服装使现代团体操更具有时代感。

（三）服装的职业感

团体操参演人员都会具有职业特征或根据需要设计塑造职业形象，而不同职业的人，依据他们工作性质的不同，应该有不同的具有代表性的服装。这些服装不仅有实用功能，而且具有代表职业特点的象征功能。如选择军装、警服、纺织工人服、学生服、运动装等，可以表达人物的特点，达到塑造艺术形象的目的。任何一部团体操的设计创编都不会脱离人物职业这一突出特性。

三、服装的选择设计

团体操表演服装的艺术装饰是一个综合性指标，既要看它是否得体，以便于做动作，还要看它的款式、色彩、图案等方面是否得当，能否符合表演主题的需要。因此，选择或设计表演服装，一般要注意以下几个方面。

（一）统一与变化

服装的统一主要指整体与局部式样的统一，配色的统一等，但是只强调统一，就会千篇一律，单调而缺乏生气。所以，必须考虑适当的变化。可以从人体工程学的角度，根据人体部位的关系，在款式上进行转换分割、搭配，进行色彩的变化，以及运用适当的粗线条花边点缀等，以求得生动、活泼、有动感。

（二）比例与对称

服装的设计要符合比例法则。合理的比例分割与搭配，能产生强烈视觉冲击和美感。因此，在一件衣服或一套衣服的结构中，面积的划分、长短的安排等应考虑比例关系，以取得最协调的审美效果。

人的身体是左右对称的，服装的设计也应适当地注意对称规律。现行的军礼服、各类职业服的设计是典型代表，它以中间的扣子为中轴，两边的袖子、口袋等完全对称，给人以严肃庄重的感觉。但处处完全对称的服装不免显得呆板，为体现青年人活泼欢快为主题内容时，服装的设计又可以有意打破对称，在不影响整体美的情况下，在服装的左与右、上与下各部采用不同的色彩、图案等，使服装具有不对称美。

（三）形状与色彩

服装设计中的旋律主要是指各种的制作工艺线和色彩应有规律的变化。它可以分成形状旋律与色彩旋律两种。形状旋律如：有规律重复、无规律重复、直线重复、曲线重复等。色彩旋律指深浅、明暗、调子不同的色彩的排列产生出的变化效果。

（四）主题与风格

选择或设计团体操表演服装应根据团体操的主题思想，一方面要体现人物的职业、年龄等特点，反映时代感与民族风格，另一方面还要遵循统一与变化、比例与对称、形态与色彩等规律，考虑色彩调配等，形成即统一又独特的艺术风格，以便能更好地增加团体操表演气氛，为表现团体操的主题服务。

第三节　团体操表演的道具

道具可以与动作结合进行表演动作的设计创编，但是中、大型的道具更具艺术装饰效果，它不仅可以表现团体操的主题和风格，丰富表演内容，扩大表演效果，增加艺术魅力，而且还是团体操创编的重要影响因素，有时团体操创编中的创新就是从道具入手，从而构成场景独特、风格各异、意境新奇的表演形式和场面。道具有助于表现主题思想内容，体现人物的工作特点和风貌，是一种很好的艺术装饰。它具有增强表演气氛，提高表演效果的作用。

一、道具的种类

团体操的道具种类多样，形状不一，它是根据团体操主题的需要而选择与设计的。道具分类的依据不同，可以有不同的分类法。

（一）以道具的形状为依据

"点"类——有彩球、花束等道具；

"线"类——有轮条、彩带等道具；
"面"类——有泡沫塑料板、扇子等道具。
（二）以道具的质地材料为依据
概括的可分为"硬道具"和"软道具"。
（三）以道具的大小为依据
可把道具分为小型道具、中型道具和大型道具。如图3-1所示。

图3-1 大、中、小型道具图例

1. 小型道具（轻器械）。小型道具包括火棒、扇子、纱巾、各色绸子、旗子、葵花、花环、花条、草帽、麦穗、棍棒、小树、球、藤圈、变色彩球、皮筋、花束、火炬、腰鼓、红长绸、枪支、炮弹模型以及各种实物模型等。小道具有体积小、轻便、灵活、携带方便等优点。表演者手持，可自如地做各种动作。形象的小道具要逼真，造型优美，变化巧妙，受人喜爱。有的小道具还可以隐蔽地放在表演者身上带入场内，到表演需要时再出示，不仅能增加观众的奇异感，而且能起到突出主题的作用，把表演推向高潮。

2. 中型道具（重器械）。中型道具包括组大国旗的布、梯子、造型架、双杠、大花篮、红箩伞等。由几人持中道具同时做动作，也可以有在道具上做动作用的不太重的道具。

3. 大型道具（巨型器械）。大型道具包括模型车，各种形状的、固定的或可以转动的大翻花台等。大道具一般指体积大而分量重的道具，这类道具有一定的高度或层次，供表演者在道具上做动作，能收到较突出的立体效果。有一些大道具由于体积大，很难隐蔽，故在表演中都由多人列队抬入或提前预置安装。

二、道具的选择、设计提示

（一）道具的组合与变化

一件道具不能只有一种形象或一种功能展现在观众面前，应向多样化多功能方向发展，才能更好地增添表演的色彩和增加观众的奇异感，加强表演的艺术效果。一件道具不仅可以自身变化，而且可以相互组合成另一件道具，使场上道具的形象、高低不断地变化。例如，开始时用长梯进行表演，一会用长梯组平衡木，一会用 4 个长梯又组成一副副高高的双杠等。对于组合、变化自然、巧妙的大道具，用料、设计、制作的工艺要求高，需要有一定的科技工艺水平，随着我国现代化的发展，在团体操中将会更多地出现变化多样、能巧妙组合的道具，使团体操表演的内容更加丰富多彩。

（二）充分表现和突出主题

选择表现海洋的题材，应采用蓝色绸缎作为道具，如果再加上船的大道具，则能更好地表达乘风破浪，奋勇前进的精神，以及蔚蓝大海的场景。

（三）突显表演的艺术效果

道具是根据团体操主题的需要而选择与设计的，运用一些道具，如花束、花条等简单的小型道具，完全可以改变以徒手形式表演的单调感，内容就更加丰富，形式更多样，气氛更好，艺术效果更佳。

（四）符合表演者的条件与特征

在20世纪50、60年代，我国团体操表演常用麦穗、齿轮、枪等道具模型，来反映工、农、兵的形象。现在表现锻炼身体的主题内容，采用球、棒、圈、哑铃、弹力带等健身器材道具，并可以表明人物的身份特征。另外，选择道具应考虑表演者的年龄、性别等个体条件。少年儿童的道具不宜过大、过重、以便携带和操练，男生身高体壮，适宜选择些旗、棒、枪、模型等"硬"道具；女生则多选择些花环、扇子、旗子、纱巾等"软"道具。

（五）道具颜色要协调搭配

颜色的选择应与场地、表演者的服装色彩相协调，如在草地上表演，道具又较小，不宜用绿色；在黄土地上表演，道具就不宜选用黄色。另外，服装与道具的色彩不宜雷同，应有鲜明对比，这样才能收到清晰的色彩效果。

（六）道具制作可适当夸张

由于团体操一般是在体育场或广场上进行表演，人数多、场面大、距离观众较远，在选择或设计道具时可采用夸张的手法，把道具适当地做得大一些，突显一些，以便能收到更好的表演视觉效果。

三、道具的制作与应用

团体操表演一般人数多、场面大。为增强表演气氛，提高表演效果，所选择的道具要根据表演的要求及需要进行设计制作。并且，应注意以下几点。

1. 道具必须根据各场表演内容的需要来设置，并不是每一场都必须有道具。要设计一种道具应尽可能具有多种用途。

2. 道具的设计也要注意大效果、远效果，设计形象的道具既要夸张，又要有真实感。

3. 道具设计要轻便、牢固、经济，道具的变化要巧妙，要便于携带。有些道具设计可隐藏在身上且使用方便。

4. 道具的颜色要配合服装的颜色。例如，用红旗或红色火炬做道具，服装的颜色就要是浅色的，最好是白色的，这样可以突出红旗或火炬。

根据团体操的不同主题，较常采用的道具有：表现欢庆类主题时，多采用花、彩球、花条、绸带等；表现锻炼健身类主题时，多采球、棒、圈、哑铃、弹力带等健身器材道具以及体操的器械；表现民族特点时，多采用武术器械、腰鼓、龙狮等。

下面介绍几种道具制作实例及基本应用说明：

（一）国旗制作与应用

1. 国旗制作说明：国旗的形状、颜色两面相同，旗上五星两面相对。

（1）旗面为红色，长方形，其长与高为三与二之比，旗面左上方缀黄色五角星五颗。一星较大，其外接圆直径为旗高十分之三，居左；四星较小，其外接圆直径为旗高十分之一，环拱于大星之右。旗杆套为白色。

（2）五星之位置与画法如下：

①为便于确定五星之位置，先将旗面对分为四个相等的长方形，将左上方之长方形上下划四等分，左右划为十五等分。

②大五角星的中心点，在该长方形上五下五、左五右十之处。其画法为：以此点为圆心，以三等分为半径作一圆。在此圆周上，定出五个等距离的点，其一点须位于圆之正上方。然后将此五点中各相隔的两点相联，使各成一直线。此五直线所构成之外轮廓线，即为所需之大五角星。五角星之一个角尖正向上方。

③四个小五角星的中心点，第一点在该长方形上二下八、左十右五之处，第二点在上四下六、左十二右三之处，第三点在上七下三、左十二右三之处，第四点在上九下一、左十右五之处。其画法为：以以上四点为圆心，各以一等分为半径，分别作四个圆。在每个圆上各定出五个距离的点，其中均须各有一点位于大五角星中心点与以上四个圆心的各联结线上。然后用构成大五角星的同样方法，构成小五角星。此四颗小五角星均各有一个角尖正对大五角星的中心点。

（3）国旗通用尺度为以下五种，酌情选用：

①长288公分，高192公分。

②长240公分，高160公分。

③长192公分，高128公分。

④长144公分，高96公分。

⑤长96公分，高64公分。

2. 应用方法：

（1）旗浪，在场地内利用红绸布做道具，做波浪动作组成一面飘动的旗。在团体操、广场文体综合表演，甚至在舞台表演上都广泛被采用，并取得较好的效果。根据表演规模的大小、表演形式的需要，按国旗通用尺度的基本规格、比例相应扩大。旗布应根据实际队形列、路的间隔、距离和人数确定规格的大小。一般旗浪准备队形的前后、左右的距离、间隔为1.2米。常用的布条宽为1.4米。不同规格旗布的大小与用料参见表3-1。

（2）送旗布的方法，旗浪一般常在一场团体操的高潮部分或结尾部分组成使用，所以旗布需从场外送进去。准备队形为前后距离和左右间隔均为1.2米。例如，950人每25人为一路共38路，旗布共24条，每条长44.4米，宽1.4米，将每条布上下缘各向内折0.25~0.3米，再从两端各向中线折叠，折叠宽度约

0.4~0.45米，以便携带跑动（如图3-2所示）。送旗布时，每条布由3人运送，第一、三人体侧夹布，第二人跟在后面（如图3-3所示）。共24组，站在场外对准中线成一路或二路按顺序站好。当场内组旗的队形排好后，送旗布的人，在背景变化的掩护下，按先后顺序跑进队伍的中间，将布放下后，每条布的第一、三人各拿好布的两端，第二人在中间将布的中点固定在中线上，此时第一、三人向两侧跑将布拉开（如图3-4所示）。当布拉开后，组旗方队的全体人员下蹲，半面向右转，每人左手握前面布的抓把，右手握后面布的抓把，听到统一口令起立，两手将布拼在一起举在头上后，按8人一组的浪峰组成旗浪的开始姿势（如图3-5所示）。送旗布的人可隐蔽在旗下。

表3-1

N路×N列 = 总人数	实际尺度（米）		制作规格（米）	数量（条）
	长	宽		
28×19=532	32.4	21.6	32.4×(1.4×18)	18
32×21=672	37.8	24	37.8×(1.4×20)	20
34×23=782	39.6	26.4	39.6×(1.4×22)	22
38×25=950	44.4	29.6	44.4×(1.4×24)	24
40×27=1080	46.8	31.2	46.8×(1.4×26)	26
44×29=1276	51.6	34.4	51.6×(1.4×28)	28
46×31=1426	54	36	54×(1.4×30)	30

图3-2

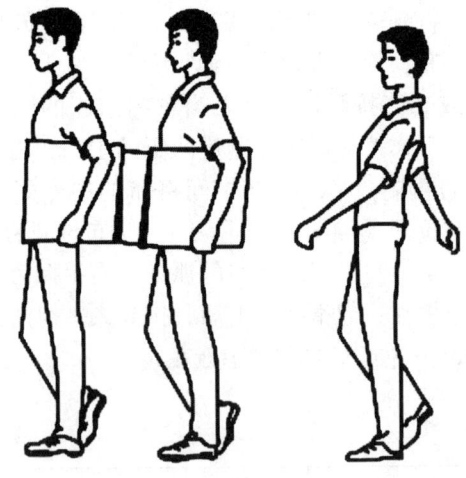

图 3-3

图 3-4

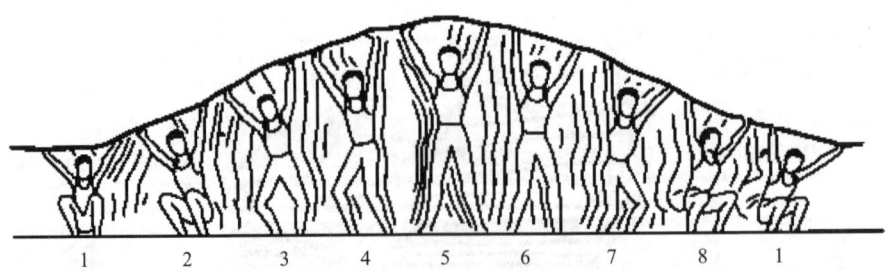

图 3-5

根据道具设计的基本思路,要轻便、牢固、经济,道具的变化要巧妙,要便于携带,同时要设计一种道具应尽可能具有多种用途。为此,旗除了传统的送旗布方法外,可以将旗布制作成两层两种颜色用以两种表现手法。例如,一面为蓝色,表现海浪,另一面为会旗的图案。道具呈"绳"状,表演达到高潮时,霎时将旗布展开并托起,能获得很好的效果。

(二) **手旗制作与应用**

手旗的颜色鲜艳,表演中富有声气,挥舞起来呼呼生风,表达范围广,具有良好的表演效果,是团体操表演中常用的道具。它制作简单,可根据需要设计为长方形、正方形、三角形。颜色一般为红色,也可以根据表演内容而确定,旗的大小应根据表演者的身高及持单旗或双旗而定,基本原则为表演者站在基准点上,两手持旗(旗杆与臂平行),两臂侧举为基准点的距离为宜。

一般手旗用丝绸、缎子或轻尼龙布制成。旗长 100~130 厘米,宽 45~60 厘米。为保护和固定旗布,在旗的窄边用同颜色的 4 厘米宽的双层布做成旗裤,与旗布相连。旗裤的长度比旗宽稍长。旗杆为木制或竹制,长度为 60~90 厘米,直径为 2 厘米,在手握部分缠 10 厘米长的防滑材料。旗杆部分最好装有用轴承或套管做的旋转柄,以避免旗布缠绕在旗杆上。

表演应用时通过手握旗杆做各种摆动、绕环、绕"8"字等动作,使整个旗面在不同方向、速度、幅度的运动变化中,时而舒缓飘动,时而劲挥有声,充分展现出丰富多彩的器械特色。如图 3-6 至图 3-16 所示。

1. 摆动:

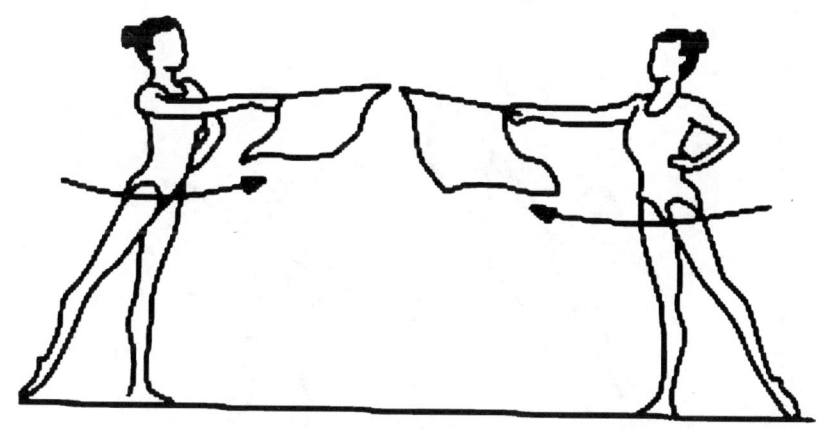

图 3-6

图 3-7

图 3-8

图 3-9

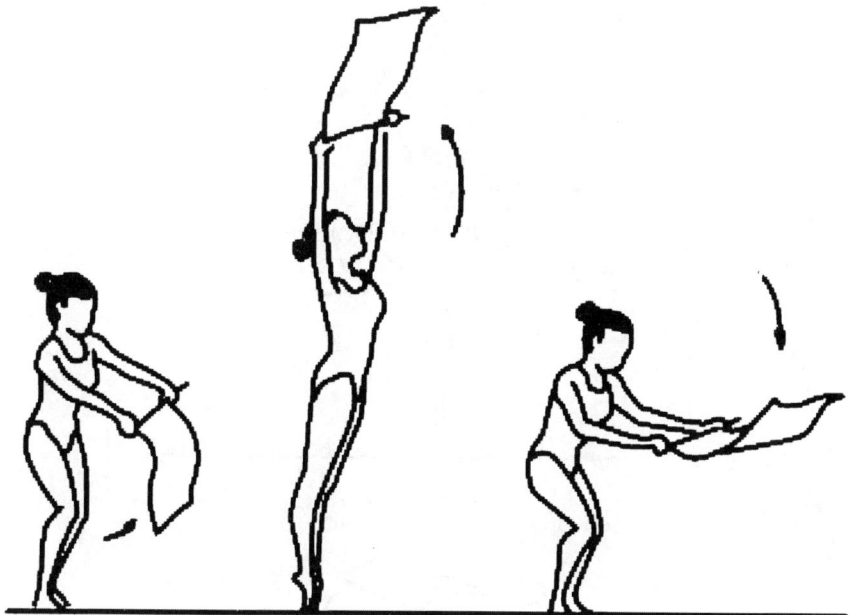

图 3-10

2. 绕环:

图 3-11

图 3－12

图 3－13

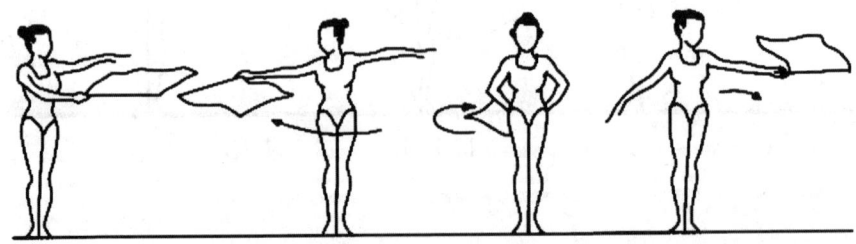

图 3－14

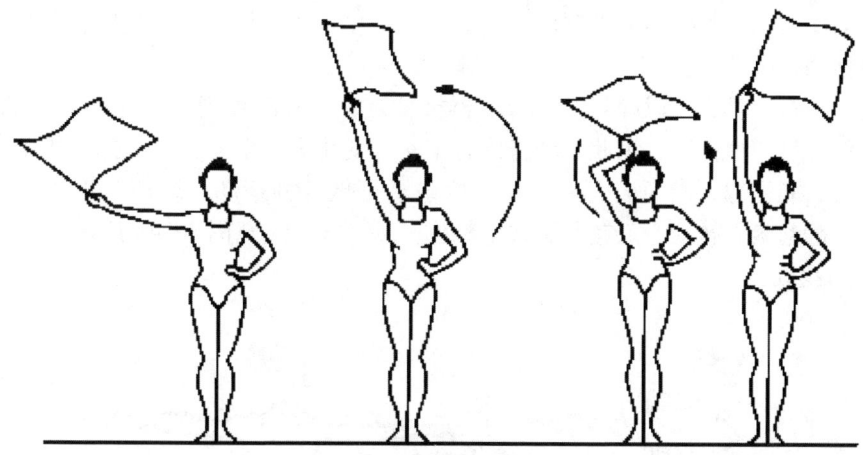

图 3-15

图 3-16

(三) 扇子选择与应用

扇子是人们极熟悉的一种表演道具。彩色折扇不仅常见于民间舞蹈表演道具，而且是团体操表演经常采用的一种道具。一般单手持彩色折扇的长度约 40 厘米，扇骨多为竹制，一般为 15~20 根，打开呈半圆形，扇面多用色彩艳丽的丝绸制成，并可在扇面上沿装饰宽约 5~7 厘米的荷叶软边。彩色折扇可设计为单把多色扇，在实践表演中有较好的效果。其道具长度约 180 厘米，扇骨多为竹制，扇面多用色彩艳丽的纸制成。一面为两把扇合成，打开呈半圆形、全圆，一般包括两种颜色。

由于折扇具有可以随意开、合的器械特点，打开时展现出彩色的半圆弧面，折拢后又呈一短棒体，因此其动作内容丰富，变化灵活多样，易于操、舞结合进行练习，能引起人们的极大兴趣。手持扇子可做各种摆动、绕环、绕"8"字、抖扇、翻动扇、转动、五花及抛接等动作。如图3–17至图3–43所示。

1. 摆动：

图3–17

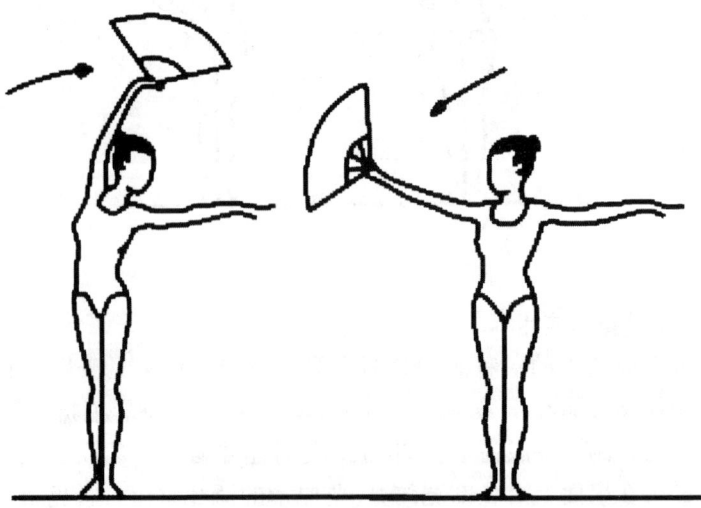

图3–18

第三章 团体操艺术装饰设计与选配 ·125·

图 3-19

图 3-20

2. 绕环：

图 3-21

图 3-22

图 3-23

第三章 团体操艺术装饰设计与选配 ·127·

图 3-24

图 3-25

图 3-26

图 3–27

3. 绕 8 字:

图 3–28

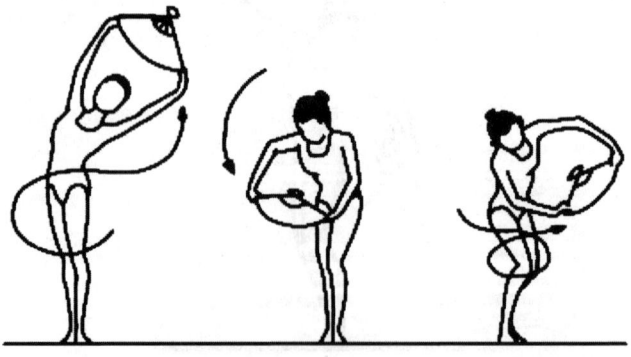

图 3–29

第三章　团体操艺术装饰设计与选配 · 129 ·

图 3-30

图 3-31

4. 小抛：

图 3-32

图 3-33

图 3-34

5. 抖扇：

图 3-35

图 3-36

图 3-37

图 3-38

6. 翻扇:

图 3-39

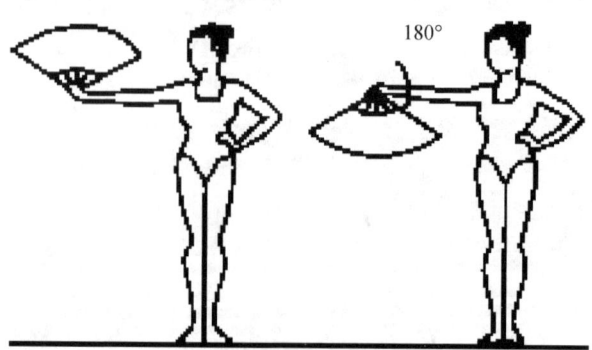

图 3-40

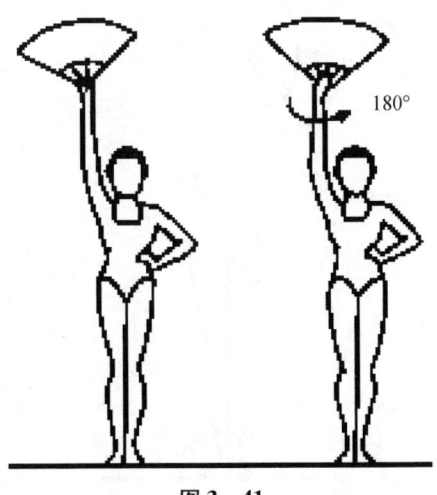

图 3-41

7. 五花：

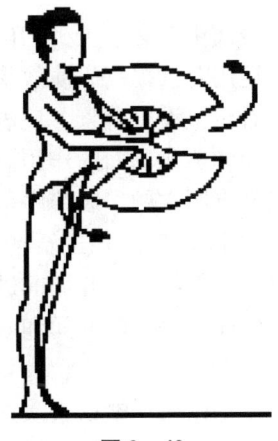

图 3-42

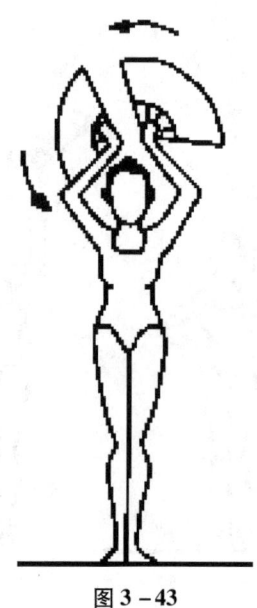

图 3-43

第四节 团体操表演的背景

背景在大型团体操或文体表演中是必不可少的内容和艺术装饰,现在越来越多的中小型团体操也创造条件运用背景提高表演效果,甚至背景经过设计可以进行独立的表演。团体操整场在看台上设置背景,使表演的范围扩大,背景与场内表演连成一体,能起到扩大场面和美化场面的作用。在艺术装饰上它大大扩展了团体操表演的范围和效果,起到点明主题、表演序幕、场间铺垫、掩护退场、延伸视觉、表演衬景等诸多作用。以背景形式进行的独立表演,可称为看台团体操,根据团体操的主题和需要设计创编,在开场前进行表演具有独特的风格和效果。背景的运用提升了团体操立体化表演的空间和效果,是团体操表演艺术性和创新提高的一项重要的标志。

总体来说,背景的功能作用是以衬托整场表演为主,因此,当场内表演处于精彩或高潮的时候,要特别掌握好背景变化的时机,切忌互相干扰。充分发挥背景在团体操表演中作用,但不能本末倒置、喧宾夺主,应很好地掌握背景的数量和变化的时机,使背景与场内团体操的表演融为一体,获得更好的效果。

一、背景表演设计的类型

随着社会科技文化事业的迅猛发展,团体操的背景也得到了突飞猛进的发展。目前，背景表演丰富多彩，多种多样，依据背景表演的难易与规模可以分为简单和复杂两种类型。

（一）简单背景表演的设计

表演者可以持不同颜色的球、花束等道具配合动作进行表演。如果是夜间表演可持荧光棒等道具，也可采用灯光作为背景。常用的形式有：

1. 平面板式：用单片板的形式组字、组图、组画。材料可用薄木板、草纸板、两边带柄的旗子等。

2. 变色（翻花）彩球的形式：这种方法一般是用来组字，人多时也可组成简单的图案，组出的图案和字有立体感的效果。

3. 折扇、绸带、纸条、纱巾、服装等都可以烘托气氛，也可以组成简单的图案。

简单的背景表演优点是形式比较简洁、变化快、制作简单、训练容易、节省资金、便于组织，表演效果较好。但是，表达主题有一定局限性。

（二）复杂背景表演的设计

多采用背景本的方法组成复杂的画面，独立形式的背景表演可采用其它道具和服装色彩。它具有变化多，气势壮观，能表达多种内容的特点。但是，背景本的制作过程周期长，工艺要求高，训练难度大。复杂的背景表演又分为静止的画面、活动的画面两种。

1. 静止的画面，就是一次性全部打开的画面形象，包括图案画面、标语文字。

2. 活动的画面，有可以从上到下，从左到右，由中间开向四周，可局部活动，也可连续翻开等多种形式。

团体操的背景画面多种多样，可根据场地、人力、物力等具体情况而定。有的在看台上用人组成简单固定的背景，有的用人持不同的道具（彩球、板子、背景本等）连接起来组成可变化的字或画面，目前经常采用的主要是背景本或背景板的形式。不论是静态和动态的背景的配合表演都极大地丰富了团体操的表现力，使许多表演动作不易表现的内容栩栩如生地展现在观众面前，场面显得更加雄伟壮观，气势磅礴，整体提高了团体操的主题表现和艺术效果。

二、背景台的区域与表演人数

（一）背景台的表演区域

背景台的范围大小要根据表演场看台的具体情况决定。主席台对面看台的高低、衔接、层次以及表演场地的大小决定背景台的高度与宽度。例如，主席台对面看台有 30 层台阶，每层台阶高 0.4 米左右，上下衔接，中间没有走廊相隔，这样的看台组背景是很理想的。背景台高度就可确定在30层台阶范围之内。如图3-44至图3-45所示。

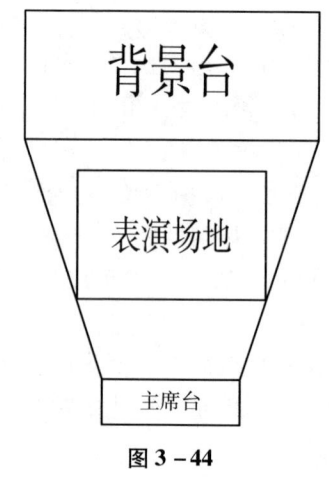

图3-44

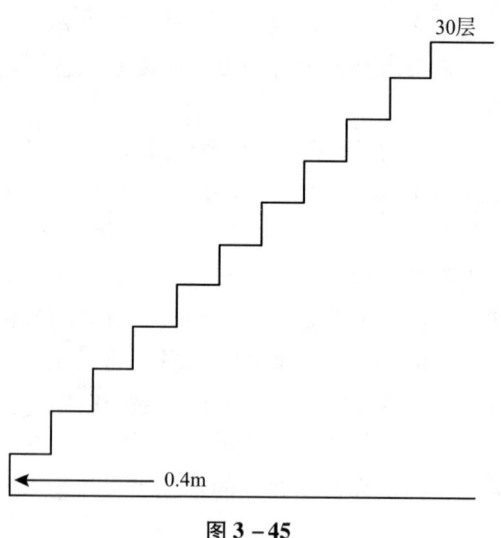

图3-45

（二）背景台表演人数的确定

简单形式的背景表演，根据手持道具的大小，应以排面不挤的原则确定表演间隔与距离。较为复杂手持背景本的表演，应根据背景台的宽度，以一本背景本打开以后的长度与宽度以及背景本之间留出的间隔来确定。一般来说，确定背景台表演人数的方法：先确定背景台的宽度，然后确定一个表演者占据多大位置。一个背景本的宽度打开以后约为0.6米，表演时经常开本与合本，因此本与本之间应留出约0.05米的间隔，加起来为0.65米，这就是一个表演者所占的位置（宽度）。每层坐一人，根据背景台的宽度和高度（层数）及背景本的宽度，便可计算出背景总人数。列式如下：

[背景台宽度÷(背景本宽度+0.05米)]×背景台层数=背景总人数

例：背景台宽110米，共有30层，背景台总人数为：

[110米÷(0.6米+0.05米)]×30=5100人

背景台的高度要根据主席台对面看台层次的多少而定，一般是层次越多越好，最少要15层，并且每一层台阶的高度以0.35~0.4米为宜，上下衔接，这样才适宜组背景。有的看台上下之间有走廊隔开。有必要或可能时，可自下而上沿走廊搭一条临时台阶，将看台联成一个整体。

三、背景画面的设计与道具制作

（一）背景画面的设计

背景的设计人员与团体操编排人员应根据确定的主题思想、各场表演内容的需要密切配合，设计背景画面与标语，可有纯画面、纯标语，也可画面和标语结合，有静有动，平面的和立体的等多种形式。设计时要充分挖掘典型素材，设计出最好、最美的画面。

1. 画面设计要做到主题鲜明，气势宏伟，美观大方，有民族特点，人物形象高大，但又勿过于复杂细腻，应使观众一目了然。

2. 画面颜色不要过多。除基本颜色，其他颜色和过渡颜色不要多用。选用的颜色要编号。画面颜色用色标确定，颜色要有鲜明对比。背景画面用色，还要考虑与每场的服装和道具的颜色协调一致，不要撞色，以免造成视觉上的混乱，影响效果。

3. 背景标语应是简短有力的口号。标语字形可采用黑体字、宋体字、美术字或模仿儿童书写字等。

4. 设计人员要制订编制背景画面和标语的规划。把每一场操所需的背景画面与标语按先后顺序编号，注明什么时候出现画面，什么时候应出标语，哪几幅画需要活动等，一一写清楚。最后统计出全部表演共有多少幅画面，多少条标语。设计的画面与标语不要过多，过多容易造成喧宾夺主，影响场内表演，所以在数量上，要安排得合理、适当，要恰如其分。特别要注意所设计画面与标语是否突出主题；标语口号选用是否准确；设计是否符合美术的要求，内容有无重复,数量是否适当,有无喧宾夺主的现象。

背景画面和标语设计后,要绘画着色小样稿:就是用较小横幅图画纸画出每幅画面和标语小的着色样稿,也可运用现代化计算机制图软件和方法,更为简便、准确的绘制小样稿,以供团体操创编组研究讨论,征求相关人员的意见和上报组织机构审批。

(二) 绘制放大图样

设计好的背景小样稿经研讨、审查确定后,需要放大绘画制作大图样。根据批准使用的小样稿,按照背景台区域实际大小,在缩放 40 倍的大图画纸上绘制背景的每一幅画面和标语,放大的图样稿是绘制背景本重要依据,样稿一定要线条清晰,色彩准确,以便使设计的画面与标语放大在背景本上,使画面扩大,连接成和背景台一样大的巨幅画面。画面放大图样宽和高的计算公式:

$$宽 = \frac{(背景本宽度 + 0.05m \text{ 间隔}) \times 行数}{40}$$

$$高 = \frac{每层背景台台阶的高度 \times 背景台层数}{40}$$

如前例有关数据为:

$$宽 = \frac{(0.6m + 0.05m) \times 17}{40} = \frac{11.05m}{40} = 2.76m$$

$$高 = \frac{0.4 \times 30 \text{ 层}}{40} = \frac{12m}{40} = 0.3m$$

(三) 制作背景本

1. 确定色标与编号。背景画面设计人员根据着色的大图样稿,确定颜色的种类数,调出色标,并为每种颜色依次标上编号,用得较多的颜色编号靠前,使用方便。

2. 绘制分格色标图稿。选用透明(硫酸纸)纸张按大图样稿的宽与高画出边框,然后再按表演的行数(人数)与层数(座次)在框内平均画出对等数小长方格。每一个小方格就等于将来的一个背景本。画好小格后,要注明行号与排号,行号统一由右翼向左翼排列,排号统一由下往上排列。如图 3 - 46 所示。

绘制分格纸的数量与背景表演画面和标语数量应相等。大型团体操场次多,背景画面变化多,需用数量大,可以制版在硫酸纸统一印制格纸,这样既准确又方便。

第二步工作,是将透明格纸铺在大图样上,将其固定好,用黑墨钢笔按图样上的画面或字标描绘在格纸上,并根据图样上的不同颜色,在相应的小方格内注明色标号，每描绘完一张图样之后，就在图的左上角注明场次和顺序。描绘完成的图稿，最好用晒图的方法，晒制 3~5 份，以便绘制背景本时分别使用和备份存档。

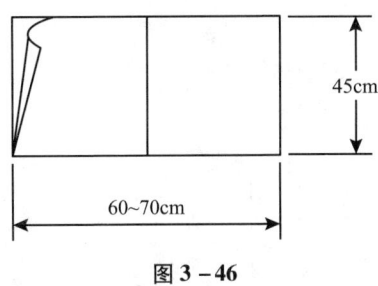

图 3-46

3. 背景本的规格与制作。背景本是背景表演的基本道具。在训练的后期和表演时，都需要多次使用它，所以在制作背景本时，要注意它的规格、重量、质量、牢固程度和经济核算。

背景本的规格一般要求在打开本后，宽度在 60~70 厘米。高度是根据背景台每层的高度加上 5 厘米重叠的部分来计算的。例如，看台的每一层台阶的高度是 40 厘米，再加上 5 厘米的重叠部分，背景本的高度就是 45 厘米。如图 3-47 所示。

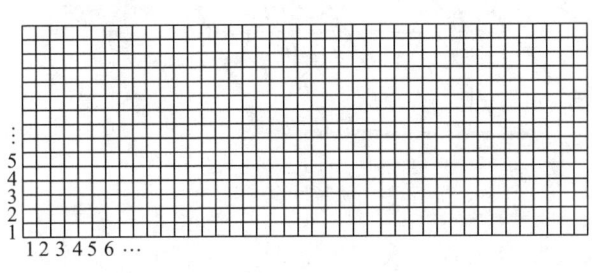

图 3-47

背景本选用的材质要求不高，用质地不太厚、较轻而且坚韧又较经济的白色草板纸、牛皮纸、卡片纸等做背景本均可。在表演中需要背景画面和标语数量比较多的情况下，背景本就比较厚重，装订不牢固就不耐用，按照背景本装订得牢固和打开本时达到又平又直的要求，一般是采用线装订法，可将每 3 张纸一起装订并折叠，然后再根据表演所需的页数，将数叠纸装订成册。为了使背景本牢固耐用，应在每叠纸之间与折缝处用胶条粘贴或加布条，再将背景本书脊部分线装加固缝牢。不露头背景本的开孔处不能有装订线。

4. 绘制背景本。背景画面最终要放大到背景本上，放大时要按照图纸由专人（美工人员）先将背景本打开按行与排的序号整齐排列在地上。然后把图纸的某行与某号小方格内的图形，用炭笔或粉笔放大画到与它相应的某行某号的背景本上面，并注明色标号。如图3-48至图3-49所示。

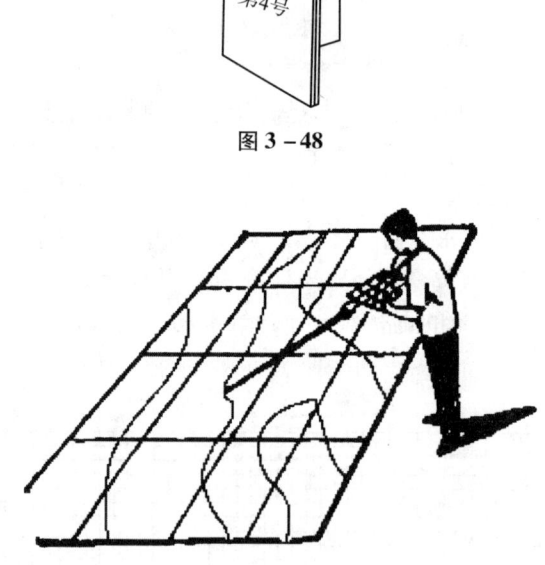

图3-48

图3-49

背景本放大绘制应按背景表演画面的先后顺序，第一幅画面放大到背景本的第1页上，第二幅放到第2页上。但是如遇到当页与前面颜色重复时，可找出前边那页加注合并页号，避免重复。在实际操作时，将全部背景本都铺在地上不太现实，可采用局部放大的办法，把图纸进行区域划分，多人分别绘制图形和标注色标号，最后核查无误进行涂色或用彩色纸剪贴合成。注意每完成一页要及时贴上小标签注明页号，页号标签可用胶布加小硬纸片粘贴。如图3-50所示。如背景画面多，标签贴不下，可从头开始按顺序贴下去或在侧面粘贴。

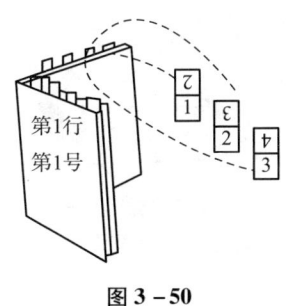

图 3–50

放大绘制背景本的工作比较复杂，需加强领导，认真组织；分工要细致，由专人调色分料；放大前要准备好用具，讲清方法；操作中及时检查效果，发现问题及时予以修正；放大绘制完成后应将背景本按编号注明单位姓名，分片分单位存放，并设专人妥善保管。

四、背景设计提示

（一）透视变形的调整

团体操的背景表演有时视觉会出现上小下大的透视（美术透视原理）变形现象，一般是在看台层次多而且深的体育场组织背景表演时，容易出现这种梯形状的现象。在这种情况下所组成的画面就会显得上小下大。为了弥补这个缺陷，可以采取在上层看台逐渐加大表演者之间间隔的办法。例如，第 1~10 层的间隔是 0.05 米，第 11~20 层的间隔是 0.10 米，第 21~30 的间隔是 0.15 米，或采用每两层增加 0.01 米的间隔递次，最上一层的间隔是 0.15 米，形成上大下小，背景表演时，就变成正长方形。这样调整就可以使背景既不变形又不显空隙大。如图 3–51 所示。

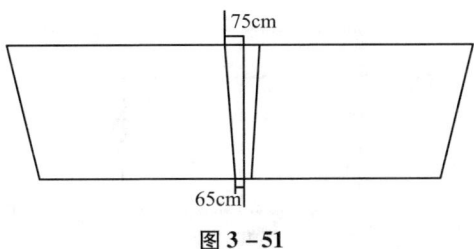

图 3–51

背景表演需要表演人员坐得很整齐，才能使背景画面清楚、完整和不变形。确定背景台表演的区域之后，要根据背景本的宽度与背景本的间隔，确定每个表演者所坐的位置，如是 0.65 米，就在所占位置中间画"="标记（如图 3–52 所示），并在标记旁注明×行×号。表演人员在表演前按行、号入座，标记正好在两腿中间,这样就可使队伍坐得整齐。

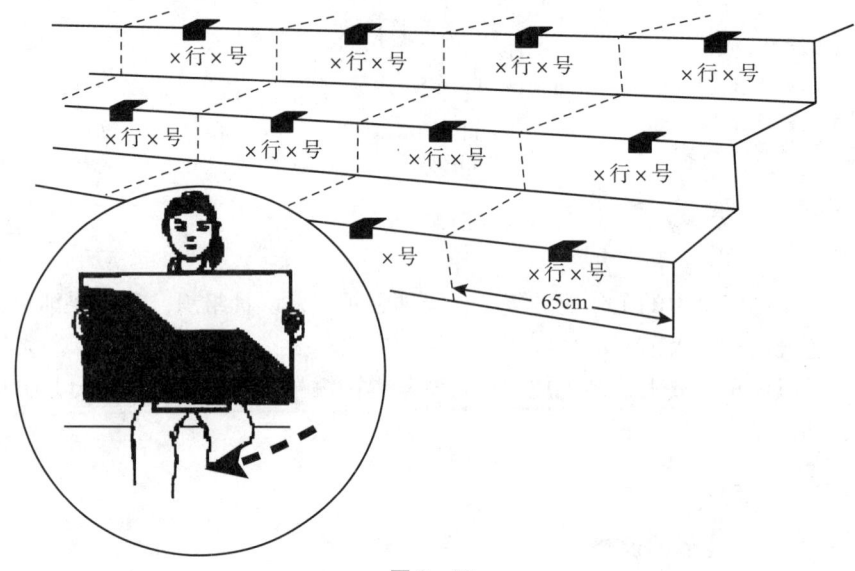

图 3-52

(二) 背景本的类型选择

选择使用背景本组织背景表演,背景本有露头的和不露头的两种类型。采用露头的背景本表演画面会有很多黑点(即人头),影响画面的清晰度。现在一般都选择不露头的背景本(把头部遮挡住),表演形成的画面清晰,增强了表演效果。但是,不露头的背景本须垫高背景本才能遮住头,还要在背景本挖洞才能使表演者看到指挥信号。如图 3-53 所示。

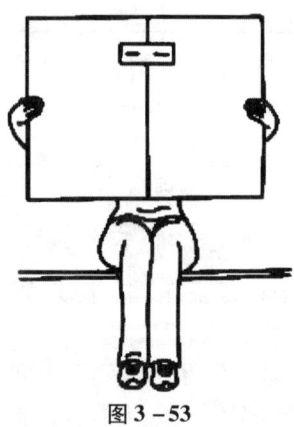

图 3-53

（三）背景台入场口的处理

现行绝大多数体育场没有专门设置作为背景台的看台，大多是利用一般看台改装成适合背景表演的背景台。主席台对面的看台设计一般都有两个以上出入口和护栏，为了保证背景画面的完整，需要对出入口进行临时改建，可锯掉出入口的铁栏杆，改装成套管螺丝口可以拆卸的栏杆，并用木板搭成与看台台阶一样高度的活动看台，挡住出入口，这样便能保证背景组成完整的画面。

（四）看台台阶低矮的变通调整

一般来说，每层看台台阶的高度在0.4米左右最适宜作背景表演。此高度可将表演者的身体隐藏住，因而对后面背景画面影响较小。如果每层看台台阶较矮，高度低于0.4米，表演者在表演时，身体露出部分比较多，会遮挡后面的画面，而影响整个背景的清晰度。因此，背景台每层台阶矮，要组织背景表演是困难的。但可采用两种方法变通调整解决：一是在台阶上垫木板（书本等）增加高度，也可在背景本下面设一简单木架或加高背景本（如图3-54所示）；二是隔层坐人，背景本的高度可按两层台阶的高度加5厘米来制作。如果这种背景本的高度遮挡了表演者的眼睛，可采取稍露头或不露头的背景本表演。

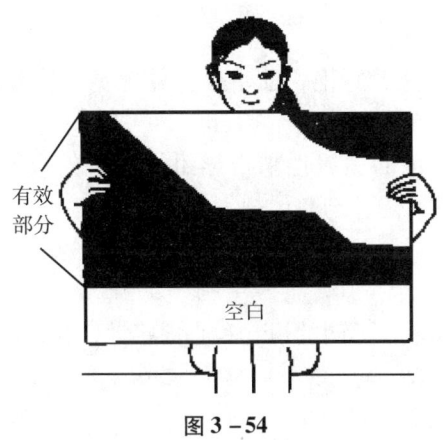

图3-54

第五节 团体操表演的色彩

团体操中的服装、道具、背景都需要运用不同的色彩进行装饰。从团体操发展的历史进程中我们可以看到，过去的团体操表演，服装、道具、背景等色彩比较单一。因此，艺术装饰中的色彩设计不仅要考虑到服装色彩的和谐，而且还要注意道具与服装的色彩搭配，甚至连表演场地都覆盖有一定色彩的布。

全国第十二届全运会开幕式表演从场景到服装等色彩设计以大海蓝、白色作为主色调，形成了海阔天空的画面意境。由此可见，团体操和文体表演中的色彩愈来愈引起人们的重视，色彩艺术装饰的效果更为突显。

一、颜色的基本属性

无论什么色彩，它们都具有共同性。这就是颜色的三属性，即色调、明度、饱和度。

（一）色调

指色彩协调的区别。例如，将石竹花的粉红色和玫瑰花的玫瑰红色作为红色系的红色，将紫罗兰的紫色和薰衣草的紫色作为紫色系的紫色。这样的颜色系统划分，也可称为色调属性。

（二）明度

借助于各种光源，我们能分辨出各种物体的形状。例如，在消失的光线中看到的物体是深暗模糊的，在明亮的光线中看到的物体是明晰清楚的。石竹花的粉红色和牛奶的乳白色看上去显得明亮，深茶色和浓郁的树叶色看上去显得浓暗，这种明暗程度就是明度。

（三）饱和度

颜色具有强烈、淡薄、鲜艳、浊暗等各种感觉。饱和度指的就是它的强烈程度。

总体来说，运用颜色的三属性来指导团体操的色彩设计时，应以艳丽、明亮、强烈、鲜艳为主进行配色与总体规划。

二、色彩的搭配

不同颜色可以给人带来不同的视觉和心理感觉，和谐绚丽的色彩搭配具有强烈特殊的艺术装饰作用。

（一）色彩的收缩感与膨胀感

颜色的深浅不同会给人的心理造成错觉。浅色与白色给人一种膨胀感，而深色与黑色则给人一种收缩感。

（二）色彩的冷暖感

色彩是自然界中的一种现象，所以当人们看到红、橙、黄色时常联想到具体同样颜色的太阳、火光、钢水而产生热感，它们就被称为暖色，而当人们看到青、蓝、紫等色彩时，会联想到海水、夜空等而产生冷感，因而它们被称为冷色。此外，还有一些颜色可以称为中性颜色，如绿色。

(三) 色彩的特征与搭配

1. 红色。红色使人联想到红日、红旗等，它象征着生命、热情、活泼和希望，使人产生热烈和兴奋的感觉，往往还象征喜庆和吉祥。红色有很多种，如深红、橙红及粉红等。深红有稳重感，橙红和粉红比较柔和、文雅。热烈的红色很难配色，只有同黑、白相配较和谐。

2. 橙色。橙色是典型的暖色，鲜明夺目，有兴奋、欢喜之感。橙色比红色明度高，是一种比红色更为活跃的色彩。橙色适宜与黑、白、褐色相配，会产生艳丽的效果。

3. 黄色。黄色是象征光明、希望、高贵、愉快、阳光的色彩，给人的感觉是干净、快活。它总的来说比较柔和。黄色在色彩中的明度较高，与红色配合产生辉煌华丽、热烈喜庆的效果，与蓝色、绿色配合产生淡雅宁静，柔和清爽的效果。它包括中黄、淡黄及柠檬黄等，颜色干净娇嫩、活泼可爱。黄色与淡褐色、淡蓝、湖蓝等都相配。

4. 绿色。绿色是生长的植物色彩，象征和平与安全。色感温和、新鲜，有青春之感，它能使人联想到夏季的绿树、草坪、给人凉爽的感觉。它与蓝色配合谐调宁静，与黄色配合明快清新。由于绿色的视认性不高，应和黄色等明度较高的色彩对比使用。如果场地是草地，服装或道具就不适宜选用绿色。

5. 蓝色。是天空和大海的色彩，象征和平与安静、纯洁、理智。蓝色与红、黄等色运用得当，能使团体操构成和谐的对比调和关系。

6. 紫色。紫色象征优美、高贵、尊严，给人以华丽的感觉。紫色有沉重、庄严的效果，它与红色配合华丽和谐，与蓝色配合华贵低沉，与绿色配合热情成熟，与黄色是强对比色，运用得当能产生新颖别致的效果。如果服装选择淡紫色，会给人一种高贵、文雅、美观、大方和有魔力的感觉。

总之，艺术装饰中的色彩设计，要根据团体操的主题发展需要，在服装、道具与背景等方面有机合理地搭配，做到颜色要互相衬托，有条件的情况下，也可设计使用一些有色彩变化的服装或道具，例如，连衣裙先是统一的颜色，然后从上衣翻下一层就变成了另一种颜色的连衣裙。道具的制作也可以做成变色花条，两面不同颜色的绸布等。颜色的选择还应注意是在室内还是在室外表演，是灯光还是阳光。若在室外阳光下表演，最好要观察颜色变化的效果，然后再成批制作或生产。

思 考 题

1. 团体操为什么要进行艺术装饰？

2. 团体操的服装一般可分为几种？选择或设计表演服装时要考虑哪几个方面？
3. 团体操中使用道具的种类？选择、设计道具应注意哪些问题？
4. 简述团体操中音乐的作用、选编时应考虑的主要因素。
5. 简述团体操音乐的配曲步骤，音乐与表演内容结合设计包括几个部分？
6. 简述团体操背景的作用与类型。
7. 简述背景画面设计与应注意的问题。
8. 简述团体操表演色彩的作用与搭配技巧。

第四章 团体操的组织与排练

【内容提要】

团体操的组织排练直至最后彩排和正式表演是整个团体操最具体、最重要的实践环节。本章介绍了团体操组织领导机构的设立,对制定具体排练实施方案,确定分段训练计划,运用科学有效的训练方法手段和指挥技巧,有序地组织彩排与表演等组织排练团体操的主要任务内容进行了具体介绍和阐述。

【学习目标】

1. 了解团体操排练的组织程序步骤和目标任务。
2. 掌握团体操排练计划与实施方案的设计和制定,明确各阶段的具体工作任务。
3. 掌握团体操排练与表演的具体训练指导方法,以及实际的实施过程。

第一节 团体操排练的组织与规划

团体操的组织与排练是一项复杂而又细致,紧张而又有秩序的重要工作任务。通过团体操排练工作有序的组织和科学合理的规划与实施,把广大参与表演者由分散的个体、表演能力差异大的群体训练培养成具有集体意识、协调统一的表演群体,是完成团体操表演任务的重要保证。

团体操组织与排练机构的大小是根据团体操的规模来确定的。而团体操的规模大小又是根据主办单位的目的和任务与实际条件所决定。因此,组织机构与程序的繁简,参加人员的多少,可以根据实际情况合理规划与灵活调整。

一、组织机构与职责

团体操表演的领导组织机构,是整个团体操从创编到排练和正式表演的统一指挥和保障机构。在确定了团体操表演工作任务后,为能解决好团体操的创编、排练、后勤、宣传等各方面的问题,协调好各方面的关系,首先必须确立相应的领导组织机构。领导组织机构的主要负责人最好由主办单位的主要负责人与当地党、政主要负责人担任。成员包括参加团体操表演工作的有关单位负责人和各具体下设机构的负责人。团体操具体领导组织机构一般设置：办公室、编导排练组、后勤保障组等机构，大型团体操和文体表演机构的设置与任务分工应更为具体细致。

（一）办公室（指挥部）

主任1~2人：负责总体协调和工作部署与检查等。

副主任2~3人：具体负责团体操创编与排练；外联与后勤；协调与宣传。

成员若干人：分别负责和完成各项具体工作任务。

办公室（指挥部）是团体操表演活动的组织领导的核心机构，主要的工作任务有以下几项：

1. 依据该次活动主题思想，进行宣传和动员。团体操前期能让参与者和社会民众认识到活动的意义是首要任务，同时依据活动主题思想，进行广泛的宣传和动员是办公室的主要工作之一。宣传和动员工作，应本着继承和发扬优良传统、讲奉献的理念，要在内容、形式、方法、手段、机制等方面，努力进行创新，特别要在增强时代感、加强针对性、实效性、主动性上下功夫想办法。并且，围绕活动的主题，通过报纸、电视、广播等新闻媒体的提前介入，进行背景资料宣传，会标征集、主题歌的预选播放及组织基层的普及性活动。

2. 协调各参演和协作单位，制定和落实实施方案。团体操的参演人员多以学生为主，也有军人、工人等参加，并来自不同的学校和单位。因此，具体的协调工作非常重要，需要通过有效的工作方法，使参演单位、协作单位能对本职工作范围有着最直接的了解。通过协调会进行讨论和沟通，及时获得承接单位对完成任务的反馈信息和合理化建议，以此为依据来修改和确定团体操的表演形式与规模，表演时间与地点，参加单位与人数，具体的计划安排以及组织措施与要求等，确立总体方案、实施计划。最后，根据活动的目的任务与规模，制定出目标明确的工作方案与职责条例，进一步明确活动的重要意义，强调完成任务的坚决性，并在今后的各项工作中严格执行已经制定的实施计划，以保证排演工作有条不紊地顺利进行。

3. 实施排练计划，组织预演和表演。由主要负责人动员，传达有关文件精神；宣布下设机构负责人及各组成员名单；落实参加表演的单位和人数并提出具体要求；布置有关团体操表演的各项准备工作等。按计划、科学、严谨的组织好整个排练工作是保证团体操表演成功的关键阶段，大群体的排练工作最忌讳散、拖、乱，所有富有凝聚力的组织动员工作和严密科学的运筹工作比完成团体操难度动作本身更为重要。

彩排预演是排练工作的结束部分，也是对有关各部门工作的检查和验收过程，通过预演，总结经验，发现问题，并及时予以解决，为确保正式表演的圆满成功做好各方面的准备工作。

4. 团体操的阶段总结与后期表彰。团体操的阶段性的调研与总结是必不可少的工作，通过检查对每个阶段进行总结，用电子或书面材料及时上报领导和总指挥，以便及时调整工作方案和进度。团体操表演结束要形成全面的书面总结材料，并召开不同形式的会议，对在团体操表演工作中表现突出的单位和个人进行表彰。

5. 后勤保障与资金合理使用。团体操表演活动的成功与否很大程度上取决于坚实的后勤保障，组织一场中小型团体操也需要几百人，甚至几千人，大型团体操和文体表演人数多达上万人，由于参加人数较多，范围较大，牵涉面广，其中有服装、道具、舞美、场地、灯光、交通以及生活补贴等方面，其耗资是可观的，采购也是很繁琐的。经费的预算与合理调配，都需要精打细算合理规划。采购与制作服装道具等表演装备更需要预先计划，统筹安排，更好地利用有限的资金，保障表演人员和装备的需求，达到预期的效果。同时，要响应中央的节约办会的精神，坚持隆重、热烈、节约、有创新的基本原则，在资金的使用上注意做到以下几点：

（1）全面考虑、突出重点，根据团体操的创编设计，在兼顾整体的情况下，对重点场次有所倾斜，精做道具、服装，保证资金。

（2）在排练过程中，由于训练时间长、工作量大，必须做好场地协调和表演人员生活的后勤保障，场地与音响设备与经费应及时到位。

（3）彩排与表演阶段重点保障场地布置、表演人员交通、安全设施等工作需要。

（二）编导排练组

在设计创编团体操一章中的编导机构和现在的编导排练组实属一个机构，组织排练过程中，重点工作是基层排练组完成。一般设：

组长（总编导）1人；

副组长（执行编导）1~2人；

排练组长（分场编导）4~10人。

1. 编导组：编导组的主要工作任务，首先是完成团体操的设计创编和制定实施方案，在排练过程中，负责培训基层排练人员，布置和贯彻实施方案的具体任务，指导组织和实施排练工作、指挥表演等。

2. 基层排练组：团体操的总体排练需要分场、分项的分解实施排练，各基层排练组是团体操排练和表演的运行核心，是完成组织与表演任务的"躯干"。它承担着表演内容复杂，训练工作繁重，参与人员最多的大面积活动的工作重任。健全基层排练组织的最关键环节是要建立点、线、面的通讯网络，包括任务的下达、内容的调整、因气候、场地等原因的临时调改,各项指令均可通畅地通过建立起来的通讯网络(以电话、QQ群、人人、微信群方式)接受来自总编导组的调整部署。

基层排练组根据实际需要,每场操应由各单位负责人组成临时排练领导小组,选一名负责人,同时成立联合排练组,选出有经验的人员担任(分场编导)指挥,负责参与分场排练各单位的组织训练工作。将参加总操排练人员编制为一个大队,每单位设为一个中队,每行为一个小队,每小队再分2~3个小组。大队长由总指挥兼任,每中队、小队、小组分别选出各级技术水平骨干和政工干部负责日常训练和组织管理工作。

(三)后勤保障组

组长(办公室副主任兼任)1人;

财务副组长1人;采购供应副组长1人。

后勤保障组是团体操排练与表演的物质供应线,是团体操活动正常运行的保障机构。负责服装、道具、背景的制作、保管和分发;场地器材的准备和布置;广播、灯光的安装和使用;交通安排和生活管理等,并提出举办团体操的财政预算方案及物资配置与采购计划。组织人员要切实安排与落实,以保证团体操排练和表演工作正常进行。

整个团体操组织与排练表演工作时间的长短要根据表演性质、规模、内容、难度等来决定,长则一年半载,短则几个星期甚至更短。前期的准备工作可以稍长,以便充分准备,训练与表演期因牵涉面广,需要根据实际情况作统一部署,以便在最短的时间内圆满地完成任务。

二、制定各阶段排练计划

团体操的排练表演工作一般可分成三个阶段:计划与准备阶段、组织与训练阶段、彩排与表演阶段。

(一)计划与准备阶段

计划与准备阶段是团体操进入正式排练之前的必不可少的前期工作。本阶段的主要任务是为整个排练工作做好组织准备和思想准备。健全基层后勤保障与设施,确定表演单位和表演人数,对参演单位及协作单位进行各项排练工作布置。

1. 根据团体操表演任务,首先要筛选参加表演的单位,了解可能承担表演任务的学校、单位的分布和人员、场地等情况,尽量选择集中在一个学校或单位,如需多单位参加也要选择相对集中在一个片区内,切勿分散太大,并以场地条件好的单位学校为主。确定表演单位的同时,提出选拔表演人员的条件和要求。根据创编内容需求确定人数、性别与年龄，依据身体条件、表演经验和基础、道德品质和体育与舞蹈特长等选拔确定表演人员，以及组织排练的负责人和有经验、有责任心的教练人员。

2. 将整个表演队伍按表演内容与方案化整为零。通过编队分组使每一个表演者明确自己所在的小组和表演位置。同时，在表演队伍中指定骨干人员协助教练工作，以保证整个训练指挥畅通无阻。

3. 培训基层排练教练、指导员，使其事先了解表演方案与各自承担的表演内容，熟悉动作节拍、规格及各种队形图案过渡等细节，并熟练掌握具体训练的步骤与方法。

4. 向全体表演和工作人员进行思想动员，使其明确表演的目的、意义和任务。通过介绍表演方案进一步加深表演者的责任感。同时，建立必要的规章制度与执行计划的具体措施。

（二）组织与训练阶段

组织与训练阶段包括全体人员正式开始训练至表演前的整个组织排练过程。本阶段的主要任务是：按照制定的团体操创编总体构思与实施方案，有计划、有步骤地对全体表演人员进行训练。要坚持基本动作的训练，并按表演内容分段进行严格训练，使其熟练掌握表演动作及各种队形变换，在全场训练中不仅要求各自动作准确，而且必须与整体协调配合，统一动作规格。定期召开编导、教练联席会议，组织协调好各团队工作配合，检查和部署工作任务，较好地体现排练表演方案所预计达到的表演效果。做好这一阶段工作的关键：

1. 针对参与排练的工作和表演人员，要深入细致地做好思想工作，加强纪律教育，切实贯彻执行各项组织管理措施，保证排练工作的高效率。

2. 根据实施方案，制定统一进度和要求，上下协调配合，严格遵守。在特殊情况下，由总编导报请总策划和领导机构讨论审批后，在有关人员的联席会议上统一给予变更。

3. 加强每次排练前的集体学习与备课，统一教练与技术骨干的思想，明确每次具体训练和动作内容的规范要求，保证有条不紊地进行表演动作、队形、图案的训练。每次组织训练，要按照明确的训练工作量，对动作示范→队形图示→复习→学习→总复习→小结→明确下次训练时间、地点等内容和形式进行充分讨论，形成具体计划方案。

4. 选择科学的训练方法与形式。组织训练前首先编导教练团队要认真研讨，熟练地掌握训练方法，选择科学合理的训练组织形式。对于比较难的图形、队形、动作采用事先培训示范组，使动作演练达到规范准确，配合默契，整齐划一。示范组的人员最好挑选思想品德过硬、有责任心、身体素质全面、接受能力强、仪表较好的人员来组成。通过单位分练、分片合练、单操合练、各操联排、操与背景合练等不同组织形式进行排练。

5. 及时总结排练过程中的经验与问题，相互借鉴，在实践中可进一步完善排练表演的组织训练方案，提高训练的效率和完成质量。

（三）彩排与表演阶段

彩排与表演阶段主要指彩排、预演和正式表演阶段。其任务是全面执行和检验团体操总的排练方案的落实与实施效果、布置场地、检查各项设施装备、调整表演的细节配合、检测交通、安全和指挥系统、完成正式表演任务。

1. 彩排预演：从思想上、心理上做好正式表演的准备工作，对各项工作细致分工，落实和进行检查。通过彩排预演检验表演动作与全场总体配合的效果以及各个部位和各个环节的实际情况。及时查找出现的问题，在不影响全场表演的情况下查漏补缺，调节修正，确保圆满完成表演任务。

2. 正式表演：通过上述程序后，即可进行正式表演。正式表演前要召开各部门联席会议，最后落实各项工作的准备情况，解决出现的问题。要全面动员，充分准备，以饱满的激情完成表演任务。

以上三个阶段的任务确定后，要有针对性地在排练计划中安排训练内容与进度。为了保证训练工作的顺利进行，计划一定要结合实际，订出各阶段相应的训练指标与措施，以便随时检验监督执行。

第二节　团体操的排练特点与方法

随着时代的进步，高科技的运用，社会需求的变化，人们观念的更新，目前团体操内容包含了体育、歌舞、军事项目、杂技与时装表演等多种运动和艺术，形成融体育各项目与艺术的各种表演以及其它娱乐表演形式为一体的大型的综合体育艺术表演。参与的人数多、规模大、涉及面广，组织排练程序复杂是突显的特征，而在具体的排练中也逐步形成了自身训练特点、方法和规律。研究和遵循这些特点、方法和规律，采用有效的手段，可以提高训练效率和效果，顺利完成排练与表演任务。

一、排练特点

目前团体操的表演已趋向综合表演形式发展，传统的单一训练已不能满足需要，现在必须排和练相结合，整个排练工作是保证团体操表演成功的关键。由于参与的人员多，组织的难度大，严密、科学的组织管理和富有凝聚力的组织动员工作是团体操排练的重要保障。排练组各级指挥员和教练员应团结精干，充分领会设计创编表演方案的意图。排练工作应贯彻循序渐进，动作从易到难，由简到繁，由局部到整体的排练原则。方法要灵活多变，不可墨守成规。团体操排练工作突出特点体现在下几个方面：

（一）计划性

团体操从组织设计创编到最后正式表演全过程是一个大的系统工程。常常是牵一发而动全身，而排练工作则是团体操的核心，因此，一旦确定工作计划之后，就要严格按预定计划定人、定位、定时，保证质量地完成既定任务。另外，排练工作计划的制定也要留有余地，以保证局部的意外事件和个别调整不影响整个团体操进程。

（二）业余性

参加团体操排练的人员大多是临时各单位调集，一般是由学生、解放军、工人等组成，往往体育素质参差不齐，缺乏必要的基本功和团体操知识。排练过程中，指挥员和教练要非常清醒地意识到这一点，以便耐心、细致地循循诱导。而排练的时间一般是利用绝大部分人员的节假日和业余时间，所以，对思想鼓动、后勤保障等方面的工作，应予以足够的重视。

（三）整体性

团体操工作牵涉面广，表演以齐整为特征，应做到配乐节奏准，队形图案跑位准，动作到位准，练操、合操、表演掌握时间准，为了达到整齐划一的集体效果，排练工作还要考虑其系统性、整体性。整个排练工作是一环套一环的闭合结构，排练中各个部分要及时互通信息，相互交流，因而排练计划的安排要从整体出发，系统地安排和协调各个部分的训练与休整。

二、排练形式与方法

（一）团体操排练各阶段的具体任务

根据团体操排练各阶段的划分，准备、排练和表演三个阶段的具体任务是：

1. 准备阶段包括确定参演单位和人员，培训教练员和骨干，编队，准备训练场地、扩音设备、代用道具等。

2. 排练阶段为团体操各项内容训练的主要阶段，通过训练使表演者熟练掌握表演动作。它包括基本功训练、表演动作训练、表演队形图案训练、分段训练、整场操配乐训练、背景训练、候补队员的训练等等。

3. 表演阶段包括彩排、预演和正式演出。

（二）团体操排练的具体训练方法

1. 基本功训练。团体操的基本功训练是在正式排练之前的准备训练。通过一些基础动作与素质练习，进一步了解和筛选表演人员，确定表演单位在表演中的位置，并为正式排练动作与队形的学习做好充分的准备。

团体操基本功训练的内容大致有：队列动作的练习；柔韧、力量、协调等素质练习；舞蹈基本动作的练习；徒手操、健美操等基本动作的练习；托举造型动作的辅助练习等。基本功训练的具体内容应根据不同表演内容的需要来选择安排。基本功训练内容难度不宜过大，有条件的学校和单位可提前几个月就进行，并可以设为体育课（体育健身活动）的教学训练内容。训练可选择灵活多样的集体、小组和个人等形式，采取一些有效的措施与方法，编排一些具有娱乐和游戏特色的动作练习组合，改变基本功单调枯燥的训练模式，提高练习的乐趣。

2. 技术骨干培训。团体操技术骨干是排练和表演中的核心力量，能够起到指挥和教练无法替代的作用，特别是在繁重的排练过程中，技术骨干既是具体示范者又是助教，因此，正式集体排练前，必须先培养一定数量的技术骨干来协助教练员工作。形成教练—小教练—骨干队员——般队员的训练管理层次。技术骨干人数可根据团体操的特点和排练需要而定。在每次训练前，先对骨干进行分工和培训，包括训练学习的动作、教学训练的方法、队形图案变化的形式与方法，而且要把技术骨干合理的分配安置在各个表演队形变化的重要位置，然后教练员可依靠他们的示范动作和带领组织排练。

3. 替补人员的训练。替补人员的确定与训练是团体操正式表演的安全保证，是一项不可忽视的重要工作任务，替补人员的选择与确定必须慎重对待，替补人员应由技术全面、能力强的人员担当，对替补人员的训练首先要解决认识问题，使他们明确替补人员的重要作用与训练任务，对他们的训练要求高，而且任务重。如考虑不周，安排不当，就可能出现无人候补或替补上之后不能按要求熟练完成表演任务的情况，从而给最后的正式表演造成损失。通常选用技术骨干和小教练充当替补人员能起到事半功倍的效果。在替补人员分派上，要在各个场次表演部分预留一定数量替补人员，并且替补人员应与正式表演人员享受同样的待遇。

4. 表演队形的训练。团体操表演效果在很大程度上取决于队形变化的迅速、准确、自然、流畅。在实际的排练中队形变化的整体一致性，线与面的交替变化等能引起练习者自觉的兴趣，使之获得较快的成功及较好的效果，队形训练是团体操排练中较为容易完成的一项训练任务。在训练前，首先要通过直观的图示（幻灯、挂图、板图、PPT），让表演者了解场面的全局简况和队形的含义及变化的方法，明确自身的编号、位置和移动的方向及周边的基准同伴。在简单队形变化时，可采用基准人、基准行、基准排，在全体蹲下的情况下站起或相反的方法，使其他人看清基准人后，以此为目标进行变队训练；对于较为复杂的队形或图形训练，在对表演者讲清意图后，各部分教练员应非常明确各单位在图形中的位置，表演人员的分布情况以及变化过程中表演人员运动的方向、路线、方法及拍节要求，持图上岗，先分部练习，再合练。为了便于复杂队形或图形的训练，可先在场内布置特殊标志或画出图形的轮廓，然后由教练员和技术骨干带领表演者分别走到自己的位置，待各单位表演者熟练掌握了各自变化的要求和方法之后，便可在统一指挥下，由原来的队形直接变化到较为复杂的队形。掌握了每个队形之后，可以配合动作做队形变化，也可以只走队形不做动作，让表演者熟悉队形之间的联系和各种变化的位置。

提示注意的是，特殊标志的颜色必须有别于基本点的颜色或用料。场上的特殊标志应尽量少用，若几场操都有特殊标志，则各场特殊标志的颜色应有明显区别，便于表演者辨认。

5. 表演图案的训练。团体操表演中的图案有较直接的象征意义和代表性。通过形象的构图体现主题，同时将表演推向高潮。图案的训练与队形训练有相似之处，但由于图案的组成人员众多，场面很大，往往需要几大块组成，分组训练中很难看出总体效果。因此，排练前应先直观讲解图案的构成，让参演人员明确组成的图案形状，图案的总体轮廓及本单位站位的分布、基准人的方位等，使其知道准确到位的重要意义。同时，绘画印制图案构成图，分发给各单位或各排练组（中队、小队）进行参照学练。

图案的形成是由队形的移动来完成的，进行训练时，充分利用场地设置的基本点、辅助点及标记号牌为变队形的参照物，要求训练者养成每移动一个队形就应掌握自己移动的方向（前、后、左、右、斜）的几个"点"和变化后与邻近人相间距多少个"点"。图案变化训练可应用设置"基准人"的训练法，根据预设的图案轮廓标记，由教练和技术骨干分别带领表演者移动到规定的位置上，待到变队路线十分熟练及准确时，再考虑加表演动作并配乐。

6. 表演动作的训练。团体操的表演动作大致可分为一致性的动作和不一致性的动作。

一致性的动作是指可以单人或多人，在同一时间内做同样或相似的动作，多在散点、综合造型上应用。一致性的动作的训练主要运用讲解示范法，一般采取单人示范法、分块及集体领做练习法。

不一致性动作是指以若干人为一组，在不同的时间内做同样的动作，从而表现出整体动感画面的表演效果。典型动作有起伏的浪形动作等。不一致性的动作训练一般采取小组示范法、小组及整体合练练习法。讲解应分别清楚、详细地说明每一个人身体基本部位运动的方向、路线、动作过程、要领、动作节拍及规格要求等，之后在统一的慢口令下，一拍一拍地掌握好每一动作的做法及规格要求，待动作做法、规格均达到要求后，再按正常速度在口令下完成。

另外，表演动作的训练，可以与队形、图案的训练结合起来，可考虑穿插在复习队形或图案训练中，通过集体（队形、图案）与个人（表演动作）不同的练习形式，达到较好的训练效果。

7. 进场队形的训练。进场队形是建立在进场后第一个队形的基础上，进场的训练需要与进场后第一个队形紧密结合起来。进场前的队形预备位置应考虑表演者的水平、年龄及训练时间等因素，预备位置尽可能"缩小、隐蔽"队形及方位，做到不影响场上的表演，并使本场的表演具有突变、新起的效果。

排练时如果进场后的第一个队形难度比较大，而出现表演者水平一般、年龄较小或较大、训练时间较短等因素，则应考虑采用过渡法进场（如图 4-1 所示）；

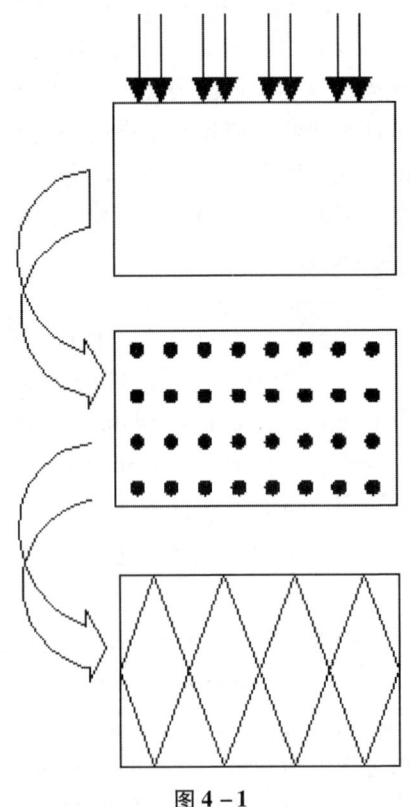

图 4-1

对于具有表演经验、训练时间比较长，表演者具有较高的接受能力，而为了到达较好的表演效果，应考虑采用直接法（如图4-2所示）；采用层次法进场适用于本场的变化或上下两场的交替变化，是一种较为新颖及巧妙相结合的进场方法。用于本场，主要是起着递进主题，使之升华的目的；用于上下场的表演，主要起着巧妙连接、过渡的作用（如图4-3所示）。

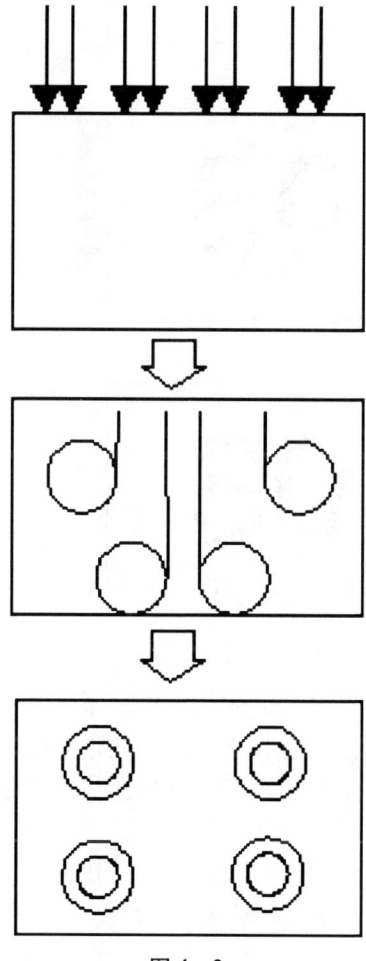

图4-2

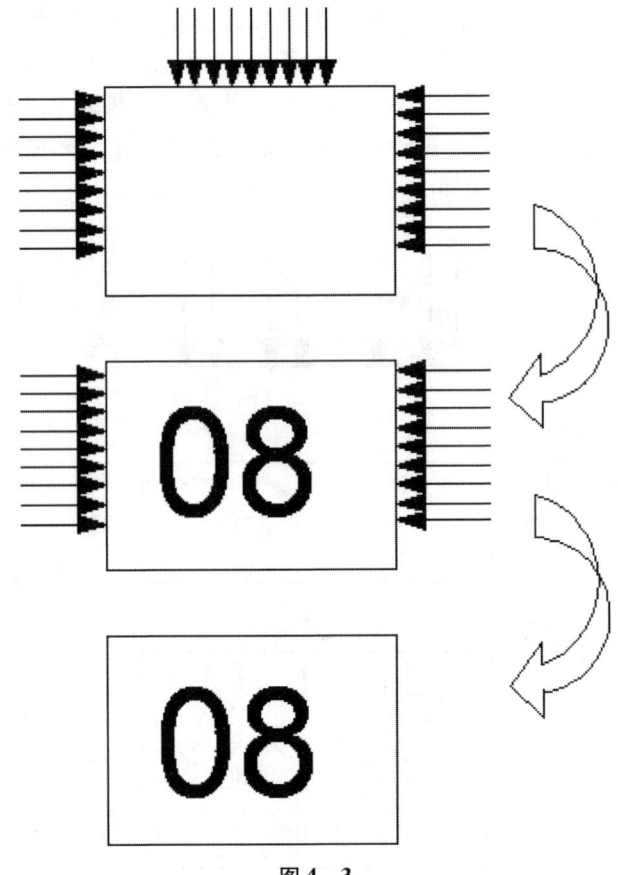

图 4-3

8. 退场队形的训练。退场是表演的最后一个环节，退场队形的设计和训练必须与最后的一个队形紧密结合起来，退场队形，应根据下一场表演的进场方向、形式、道具、队形、行进速度等因素有机配合，原则上应按先保证下一场表演的进场队形设计确定。

在没有下一场衔接的独立完成退场，常采用先密集再以整齐、快速的行进动作退场。退场队形的密集方位可根据退场的人数、方向、表演意图等，设计为先全体集中于中部或前部，再向前、侧、后集体或若干部分从不同的方向退出。

如果最后一个队（图）形可作为下一场表演的铺垫。本场最后勾画出一个图案的框架（定位），下一场表演者则进入完整、填补图形。

退场训练不同于进场，需要与下一场的进场结合排练，才能保证场次的衔接和配合的巧妙与有序。

9. 配乐训练。团体操表演中的音乐不但为观赏者创造观看时最适宜的心理环境，启迪表演者情感，并能整齐划一地完成表演，同时又是成百上千的表演者连成一个有机整体的唯一指挥信号。为此，表演者对音乐的理解和节奏的准确把握，是团体操排练与表演的重要任务。当排练程度在基本完成了由口令指挥下的队形与动作的训练之后，应尽早地与音乐结合起来进行配乐训练。

（1）模拟配乐训练。在经过一段时间的口令指挥训练后，表演者对表演队形、图形、动作及进、退场已较为熟练，此时应及时进行室内或小集体的模拟配乐训练，发放表演音乐电子音频和播发全程音乐，使表演者了解音乐节奏、情感及主旋律；由技术骨干现场示范进行表演动作分段配乐演示；运用录制的口令指挥完成的排练动作视频与音乐同步播放模拟配乐；集体随音乐在教练的口令提示下，配乐模拟训练。

（2）现场配乐训练。在表演动作、队形、图案和配乐模拟演练基本熟练的情况下，要及时进行现场配乐训练。开始配乐练习可以加上完整口令进行训练，当音乐节奏与动作配合基本定型时，可以逐步取消完整口令，采用提示性口令法，过渡到直接用音乐伴奏完成练习，为强化配乐训练效果，可由示范组在台上领做。在队形和图案配乐时可采用旗语信号进行指挥提示，这种方法在正式表演时也可延续使用。

10. 背景表演的训练。背景表演也是团体操组织排练的一部分，用各种画面来配合场内的表演，通过大集体协调一致地把背景连接起来，共同表达主题思想。如果表演人员组织不严密，训练不严格，要求不明确，表演时局部或个别人的失误，就会破坏背景表演的效果，而政治性很强的画面绝不允许发生任何错误。因此，严密的组织纪律是非常重要的。

（1）背景表演人员的训练要求。背景表演的动作较为简单，但要求比较高。参加背景表演的人数多，表演时间长，动作单一，而且要求注意力长时间高度集中，不能出现差错。因此，要加强表演人员的思想教育工作，抓好基本功的训练。

首先，进行充分的思想动员工作，使表演者明确表演的意义和自身承担任务的重要性、艰巨性，提高他们参加背景表演的自觉性和责任感。详细给表演者介绍背景的内容，强调画面的思想性，否则，表演中精神稍一放松，动作缓慢或翻错背景本的页数，就会破坏整个画面，甚至出现政治性的错误，造成不可挽回的影响。

其次，要提出严格的要求。背景表演的时间长，表演前就要整好队伍提前坐到背景台上，表演过程中长时间地坐着翻动背景，在太阳下暴晒，不能随意走动,直到表演结束才能活动。因此,要做好充分的准备,一切行动听指挥。表演过程中要排除一切干扰,不要看场内的表演和主席台上的领导、外宾等,以免分散注意力以致忘记看信号,影响动作。

(2)基本技术训练：

①正确的坐姿：上体正直、两膝自然分开,并准确地坐在座位的中线上。

②持背景本的正确姿势：两手抱握背景本。表演时打开背景本,左右手的大拇指均在后,其他四指均在前握本。持本要做到"平"与"直"。如图4-4所示。

图4-4

③找页码、开合背景本的技术：表演开始后（已经打开第1页）,当第二次再找页,如标签在右边时,应是左手握背景本,右手食指移至上端找出对应的页数（如图4-5所示）。食指插在标号的前边,找好后,右手迅速顺此页再移到背

图4-5

景本的中部,捏握背景本,准备打开。当需要找的号数在左手那边时,即将左手移至背景本的左上方,以左食指找出对应的标号(食指要放在标号的后面)。中指、无名指与小指放在前边,大拇指在后(如图4-6所示)捏握背景本。找好页后,迅速将手移至原来的位置准备开合,需要表演者牢牢记住"右前""左后"找页插指的方法。

图4-6

④熟悉与掌握指挥信号:指挥信号是全体表演者一致行动的依据,表演者必须熟练地掌握它。指挥信号有:指示找页码的号码布、旗语信号和播音信号。

⑤检查正确与否的方法:一是要让表演者根据信号随时检查自己的行动是否有错误,以便及时发现,进行纠正;二是在每行(或几行)的前面设一名教练员观察学生表演,出现错误立刻提示,予以纠正。

(3)具体训练方法:

①分练:指小单位(一个学校和单位或一个个独立小画面)的集体练习。按照统一规定的指挥信号,集体训练各种表演动作准确、迅速、协调一致。

②合练:全体表演者在背景区内按规定的位置进行训练,其任务包括:检查分练的效果;检查背景画面的整体效果,看是否有错误或不当;解决分练无法完成的特殊画面,即:一次开合、从左向右等方法以及其他形式的活动画面均需在合练中进行;熟悉现场环境和现场指挥效果。

③与操配合练习:背景的表演最终要与场内操的表演密切配合,他们是同一个表演中的两个不同的部分,共同服务于一个主题。背景表演内容的顺序以及每

一幅画面出现的具体时机必须与场内操的表演内容密切配合，并有助于场内的表演，以达到点明主题、烘托气氛、突出风格与特点、掩护场内表演、提高整体表演效果之目的。

（4）背景表演的指挥。背景表演的人数众多，背景的画面与标语的数量也多，而且背景出现的形式多种多样。因此，需要有严密、准确、果断和有效的组织指挥。

①指挥工具：红、黄手旗各一面；号码布若干（根据背景画面的数量而定）尺寸为长1米、宽80厘米左右，放置号码布的支架一个；对讲机或电话N部。

②指挥人员：指挥人员要分工明确、严守职责，准确、适时、果断地执行指挥任务。一般中小型背景表演2人指挥（1人指挥、1人翻号码布）。大型背景表演3~4人指挥，包括指挥1人、监督1人、助手1~2人，其任务分工：指挥——持旗者，指挥全体背景表演者，下达表演信号，指挥全体表演；监督——按背景画面的表演顺序和时机、监督指挥员的指挥信号和助手所翻动的号码布是否正确，严防差错；助手——配合指挥的旗语信号进行号码布的翻动。

③指挥信号：指挥是按预定的表演方案中背景出现的顺序与配合场内表演的时机，用旗语来指挥全体背景表演人员的行动。指挥的用具是红、黄旗各一面，右手持红旗，左手持黄旗。右手举单旗（红）用于表演过程中的开合背景本的一般信号，举双旗用于表演的开始与结束或发生重大错误时紧急合本的特殊信号。

开始：

表演过程中，信号要简单、明确，易于全体表演者掌握。指挥以右手持红旗进行指挥动作。指挥信号包括："全体注意""准备""换页"三种。如图4-7所示。

　　　全体注意　　　　　　　准备　　　　　　　换页

图4-7

"全体注意"——指挥员右手持红旗上举、在头上方挥旗,并指示表演者注意号码布上的数字,找到背景本上相应页码。

"准备"——右手持红旗上举不动。此时表演者要盯住指挥旗等候命令进行翻本或换页。

"换页"——红旗自上而下挥动。指示表演者立即打开背景本或换页。

结束:

双旗指挥动作与单旗相似,但作用有些不同。如图4-8所示。

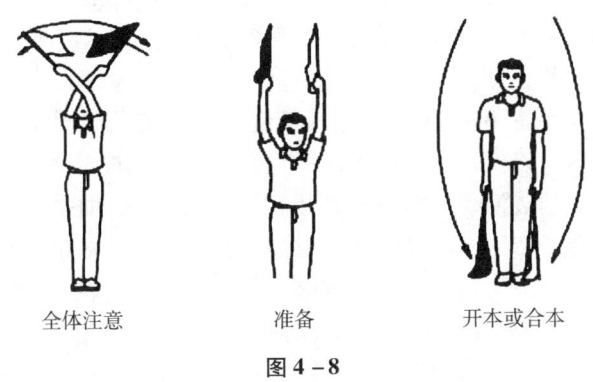

图4-8

"全体注意"——指挥员右手持红旗、左手持黄旗两臂上举,并在头上方交叉挥旗。号码布上无数字显示,表示注意将背景本收起。

"准备"——双旗上举不动。此时表演者要盯住指挥旗等候命令。

"开本或合本"——双旗自上而下挥动。指示表演者立即收本(合本放在腿上)。

为了保证表演成功,仅仅依靠指挥台上的指挥是不够完善的,还必须在背景台下端组织各单位教练员按总指挥的号令监督、检查或随时纠正表演者的错误动作以及规定骨干或由每一表演者的互相监督、提醒和自我检查等措施,来完善指挥系统,保证表演的成功。

(三) 团体操排练的训练形式

根据团体操排练整个过程的进展程度可进行分块与组合训练,即分练与合练。常采用单位分练、分片合练、单操合练、各场操联排、操与背景的合练等几种形式。

1. 单位分练。单位分练指各单位组织的训练。它是训练工作中最基本的形式。分练中,各单位要按照表演内容及训练计划的要求,学习并完成本单位所承担的全部表演队形及动作的训练任务（由于人数的关系，某些队形可能是不完整的）。训练工作应循序渐进，注重质量。分练工作抓得好，可以为合练、表演打下良好的基础。

2. 分片合练。分片合练是指在分练的基础上，几个在设计方案中邻近单位进行的联合训练。其目的是为了解决分练中不能解决的队形、动作配合与连接等问题，起到统一动作、相互交流、相互促进的作用。

3. 单操合练。单操合练是指在分练和分片合练的基础上，将一场操中的所有单位联合起来进行训练。其目的是要解决进场，场内表演中各种队形变化及动作的衔接，大图案的组成以及退场等训练问题；检查训练与表演效果，并进一步改进与完善表演方案；相互观摩、评比竞赛，促进提高。

4. 各操联排。它是在各场操合练的基础上组织的联合排练。其目的是要解决各场操之间的衔接以及最后集体表演的训练问题，检查总体表演效果，进一步改进与完善各部分的表演，同时也起到相互促进的作用。

5. 操与背景的合练。操与背景的合练其目的是要解决背景如何配合各场操进行表演，具体地解决每一场操中出现哪几幅画面（包括活动画面或灯光设施的表演），以及这几幅画面应该在表演进行到什么队形（或动作）、音乐演奏到什么旋律时出现，使背景与场内操的表演配合默契、融为一体。合练的同时，还应组织背景与操分别表演，通过互相观摩，了解各自表演内容，并达到相互鼓励、相互促进、共同提高的目的。背景与操联合训练的过程也是团体操表演中的各级指挥人员协同合作的练习机会。

因此，在训练形式上要注意以分块练习为基础，适时进行不同形式的组合练习。合练中重点突出协调配合、前后呼应有机结合。通常采用分块练习与小组合练相结合，小组合练与分场练习相结合，单操练习与队形练习相结合，场上表演与背景训练相结合等不同形式的训练方法。

三、场地布置与排演

（一）表演场地的规划与布置

团体操规划布置的表演场地和排练场地是全体表演者在场内进行各种队形变化及动作训练与表演时的主要客观依据，特别是最后的正式表演场地是把各个分场排练的场地汇集叠加一起，场地布置是否科学合理，会直接影响到团体操正式表演的质量和效果。团体操排练和表演场地的规划与布置是一项细致、艰苦而又必须进行的工作。高级别的大型团体操或文体表演场地布置是非常复杂的，地面常设计为布景或搭建板台和铺设各种材料的场景地面。中、小型团体操表演一般不具备这种条件,大多采用节俭、实用的常规方式的场地布置。在规划布置排练场地时,不用考虑太多,只要根据表演内场地的大小规格和需要设计布置,以能保证排练使用即可。正式表演场地的布置则需要对每场次表演场地统筹考虑,以出场顺序进行设计规划,同时要针对表演场地结构和周边环境,设计好队伍集结区和进退场的位置与路线,确定表演区和准备区,保证表演队伍进退自如,有条不紊地完成表演任务。

布置场地的首要任务是标出"基准点",这是团体操所有队形变化的场内依据。基准点是指在团体操排练或表演中按散点队形站位时每一个表演人员所站的点,每一点之间的间距相等。间距有1米、2米、3米、4米等,一般少年儿童采用2米以下间距,成年人则以2.4米为宜。为了便于排列区分,可以设置两种颜色的点。复杂的队形图案表演,应依据变化规律、图形结构以及不同场次,在场内适当的设置"特殊点",使用各种形状和不同于"基准点"颜色的"特殊点"标示,以便表演时辨识和参照。

1. 布置场地前的设计规划与准备。一般说来,团体操使用的场地有草地(人造草地)、混凝土和土地三种,无论是何种场地,布置排练或表演场地前,场景工作人员都需做一些必要的准备工作。

(1) 绘制场地图前的准备工作:

①准备好绘制用具和确定缩小比例。包括铅笔、碳素笔、红墨水、蓝墨水、坐标绘图纸。场地实际面积的缩小一般按1:400的比例,将场地绘制在设计好的坐标纸上。

②明确场区和确定队形图案的间距。绘图前应明确表演的场地与表演区域,最好要进行实地观察与测量,计算出表演场地长与宽的尺寸。根据创编设计方案的示意图和道具的形状与大小、动作的幅度方向等,与创编人员共同研究确定队形与图案的间距。

(2) 绘制场地图的步骤与方法:

①画出表演区域。以主席台的观众为视角来绘制队形图案。以场地的横中线为界,可把表演区域分为前半区与后半区;以场地的纵中线为界,可把表演区域分为左半区与右半区。如图4-9所示。

②以横中线与纵中线为基准线进行绘制。根据表演人数,以横中线或纵中线为基准线,按比例向上、向下或向左、向右在坐标纸上标点或标号,排列要标上序号,使队形布局做到均衡对称。如图4-10所示。

(3) 布置场地准备的物品。布置场地所需的物品有:钢尺、标有相同长度的测量绳尺、基准点标志物、特殊点标志物、序号牌、钉子、铁锤、指挥信号物

（哨子、对讲机、手旗、喇叭均可）等。

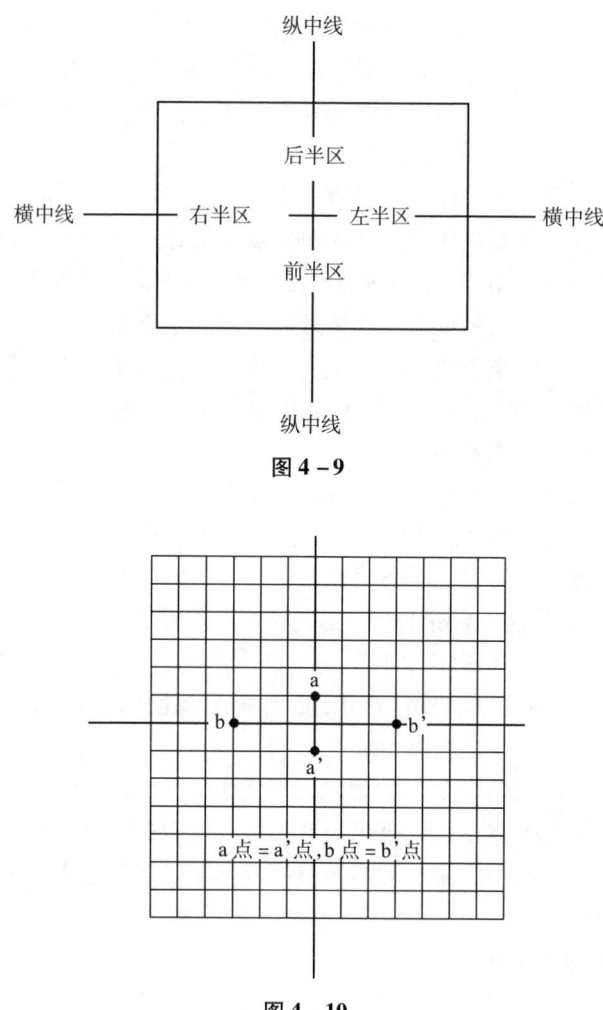

图 4 – 9

图 4 – 10

①基准点标记物一般采用铁质或塑料做成直径 6~10 米的圆片，中间开一小孔穿钉也可用布或塑料布剪裁成 6~10 米的圆片，上面用一小块簿铁皮垫上，用铁钉穿透即可（如图 4 – 11 所示）。为便于识别可在标记物上用防水的红、蓝 2 种颜色分别标出该点的横、纵坐标号，有条件的可在标识号的涂料中加入荧光粉，以利于夜幕下表演的需要及演员直接识别自己的位置。

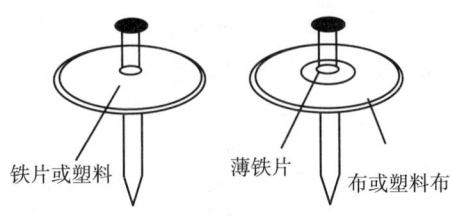

图 4-11

②序号标记牌是在场地布置中的另一种标记,它是在排练或表演场地四周边线上,以高出地面 20~30 厘米左右的号牌插立于地上,以标明行与排的顺序和编号(如图 4-12 所示)。如无号牌也可用小旗标记号代替,有时也可直接在地上写明标记号。

图 4-12

(4) 布置场地的人员构成。布置场地所需人员的数量应根据所布置场地的大小而定。其中,标记的制作需要集体或由专人完成,为了明确每个人的职责,一般把工作人员分为以下几组。

标记组:负责场地的标记布置。

标尺组:负责场地丈量和定点。

后勤组:主要负责运送各种用具及标记。

另外,还需要 1~2 人来指挥和协调。

人员的组成一般包括:总指挥 1~2 人,负责拉绳尺的人员 2~3 人。钉点人员的数量依纵行上基准点的数量而定,如纵行上有 30 个基准点,约需 15 人,即 1 人负责 2 个点;若人多,可用 30 人即 1 人负责 1 个点。运送基本点标志物的人员 2~3 人。凡参加工作的人员,分工必须明确,并尽力做好本职工作。

2. 布置场地的步骤与方法。

(1) 确定场地的中线,拉出场地的中线,并确定表演场地的中心点(O)。根据中心点的布置,确定表演场地纵深的长度(AB),即表演场地的中线。然后,通过 A、B 两点,分别拉出平行于跑道沿(或主席台)又垂直于 AB 的两条边线 CD、EF，使其成为"工"字形（如图 4-13 所示）。按照场地图纸上基本点间隔、距离的要求，将 CD、EF 上的基准点准确无误地钉出来。

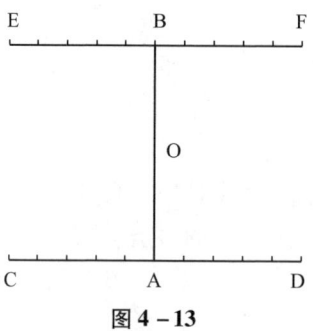

图 4-13

（2）确定场地的基准点。组织布置场地的人员，要在统一指挥下，按统一的要求，从中间分别向两侧，对场地图上的基准点严格地、有条不紊地、逐步地进行布置（如图 4-14 所示），切记混乱。

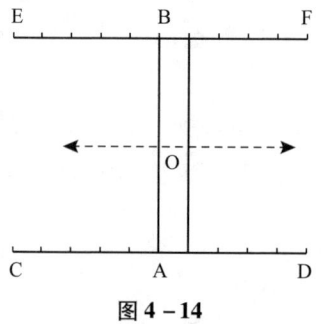

图 4-14

具体的方法是：指挥员站在右（或左）半场的中间，面向中线进行指挥，边线 CD 上的拉绳人以 CD 上的标记点为准，将绳尺的一端固定。边线 EF 上的拉绳人则要抖动绳尺，并对准相应的标记点将绳尺拉直，固定在相应的点上。中间有一人检查绳尺是否准确并协助调整。钉点人员在绳尺的后边，面对指挥员，站在自己所要钉的标记点的后方，待指挥员下令"放点"时，立即将标记点对准绳尺上的标记（或刻度）一侧，轻轻地钉在地上；钉点时不得移动绳尺，以免影响他人工作的准确性以及整个工作的进程；当钉点人员都将标记点对准绳尺的标记并轻轻钉在地上后（切勿压住绳尺），指挥员便下达"移绳"的命令，拉绳员立即将绳尺移到下一个标记点，此时钉点人员再将标记点完全钉下去，然后原地站立，等待进行下一行钉点任务的命令。当右（或左）半场布置完毕，再布置左（或右）半场的标记点，程序同上。在场地布置的过程中和全部布置完毕后，应及时予以检查，发现问题，立即纠正。

（3）布设坐标序号标记。按照确定的场地基准点，在场地四边线的基准点上，按顺序从左向右、从前向后插放纵横坐标方向的序号牌。

（4）确定场地的特殊标记。为了使表演人员在队形图案排练和表演过程中准确迅速地到达预定位置，在场地的布置中除了基本点外还需布设一些"特殊点"，全场的基准点、序号标记布置工作完成之后，由各场负责人指定专门的工作人员进行各场操中所需特殊标记点的布置工作。如果特殊标记点的位置与场地上某些基本点的位置一样时，则应将特殊标记钉于基准点的一侧。特殊点的标记形状和色彩要与基准点标记不同，以便区分。

总之，无论"基准点"还是"特殊点"都要少而准，因为点越多越不清晰，甚至有重叠现象。此外，工作人员还需注意布置场地的测量绳、皮尺等刻度要精确，质量相同；确保拉测量绳的力量一致，全部基准点钉在绳尺的同一侧，避免出现误差。

3. 常见队形图案场地图的绘制示例。

（1）散点队形。分别以横中线与纵中线为基准按一定间隔与距离向外标点。如图 4-15 所示。

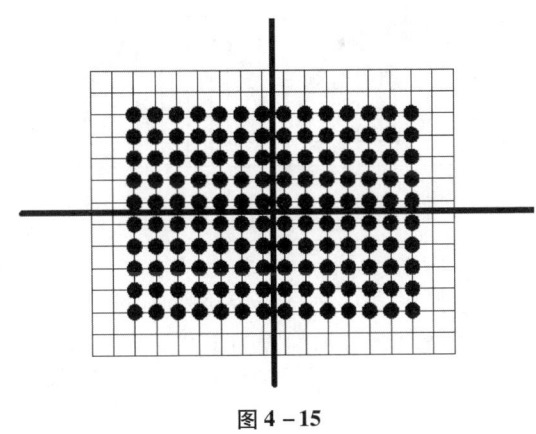

图 4-15

（2）线条队形。根据线条队形所站的人数，以横中线或纵中线为基准，确定间隔或距离，分别向外标点。如图 4-16 所示。

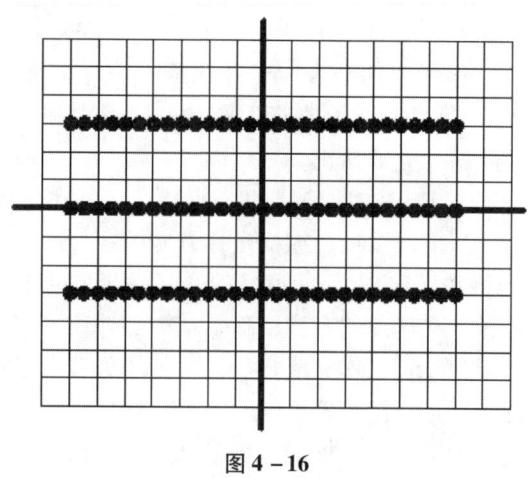

图 4－16

（3）弧形队形。以弧线的始末点两人与弧线顶点一人为基准点,并将这三点连接成弧线。根据人数确定间隔,在弧线上画点。如图 4－17 所示。

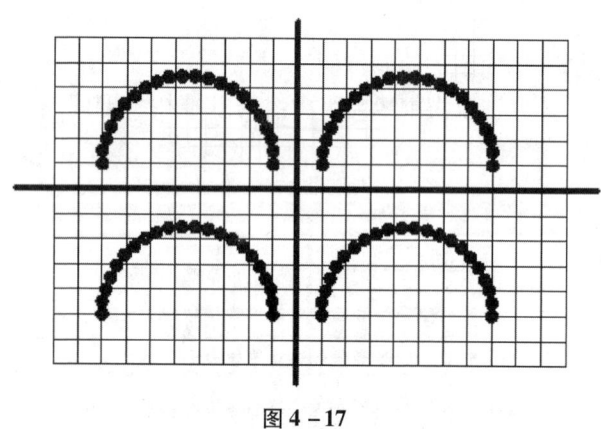

图 4－17

（4）圆形队形。绘制圆形队形,首先要确定圆的半径。由于圆的周长公式 C＝2＊圆周率＊半径,假设表演者的间隔为 1.0 米,在圆的周长上站 16 人,那么,以约 2.55 米半径来画出圆形,并在圆形上以 1.0 米的间隔标出 16 点。如图 4－18 所示。

（5）五角星图案。五角星图案通常在圆形队形的基础上变化而来,因此,在该队形上画五角星图案,可按以下几个步骤绘制。如图 4－19 所示。

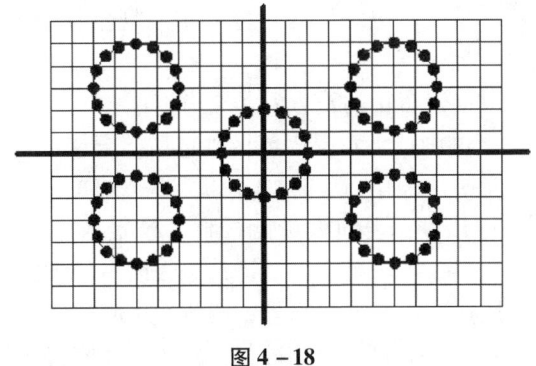

图 4－18

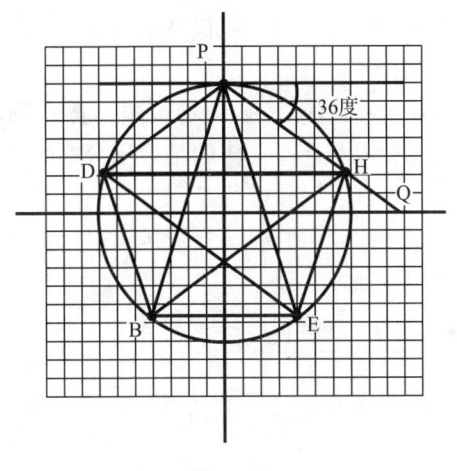

图 4－19

①取任意圆心，画一直径，并作一过此直径的切线，交直径于点 P；
②以 P 点为轴，PQ 线向下转动 36 度，交圆弧点 H；
③以 PH 线段的长度，画出圆周长上的其他 3 个点 E、B、D；
④内接圆周长上的相邻两点，形成五角形；
⑤隔点连接起来即可得"五角星"图案。

4. 背景表演场地标记布置。

（1）场地标记的作用。标记有助于表演者准确迅速的组成各种复杂的背景画面。表演场地布置合理、干净、整齐，是提高训练和表演的质量的前提和保障。

（2）场地标记布置的准备：

①标记准备——准备好标记所需材料。

②标记布置——就是把标记设计的具体要求与规格在场地上一一表示清楚，需按一定的标准尺度进行。

③标记检查——对标记布置的检查看是否有遗漏。

（3）背景场地标记的画法。背景表演区确定后，根据背景的宽度与背景本的间隔，确定每个表演者所占的位置。例如，每人是 65 厘米，就在所占位置中间画一标记，并注明几行几号，表演人员就按自己位置入座。注意标记在两腿之间。画法：先找出最上层一排与最下层一排每个人所占位置的间隔标记，并画好线，再由上向下用皮尺拉直，使上层与最下层每个中间标记对准，然后画各层每个人的位置标记线。画时由中间向两侧进行，边画边注明行与号。

指挥台的位置应设在背景表演区的对面全体表演人员都能看得见的、不影响观众视线又不易被观众发现的地方。一般设在主席台一侧的较高层。

（二）团体操后期排演

1. 团体操彩排。团体操的彩排是全部场次团体操合成排练完成后，在预演前的最后总排练。彩排是团体操排练工作的结束部分，也是完成正式表演活动的前站。其主要目的是对前期的创编和排练工作进行一次较全面的检查和最后的调整完善，并为正式表演做好各方面的准备。彩排可以根据实际情况安排 1~2 次，时间提前 2~5 天。主要任务是：

（1）全面检查场内表演、背景、音乐、服装、道具、灯光等技术方面的相互配合与现场效果。

（2）检验组织与指挥系统的运行是否畅通、严谨有效。

（3）检查场地布置、音响设备、交通运输、安全保障及有关物质保证工作。

2. 团体操预演。预演是完全按照正式表演标准和要求进行的实战演练，是正式表演的"复制"，其场景、画面和视频完全可以用于后期的公开宣传和资料保存。通过预演最后检查彩排中表演技术层面出现问题的调整完善是否达到要求，检验表演者在有观众的环境下，完成表演任务的水平和情况；全面检验整体活动各项内容的运行系统是否畅通；各项工作能否达到预期的要求及效果；特别是安全保卫、票、证分发和收捡、领导、表演者、观众等进、退场的配合。

为确保正式表演的圆满成功做好各方面的准备工作。通过预演，总结经验，发现问题，并及时予以解决。为此，在预演前，必须认真细致地做好周密地计划。

（1）召开与表演相关的各部门负责人的准备会议（或称协作会），商讨各项工作的具体安排，进行明确分工，并提出具体要求，以便协同工作。

（2）召开表演单位的领导与教练员会议，布置备单位表演人员集合的时间、地点与具体要求，检查有关表演的各项物质准备工作的落实情况，做好思想发动工作，进一步调动全体人员的积极性，以保证预演工作的顺利进行。

（3）做好预演的组织与指挥。预演前，表演人员首先应在各单位集合，检查人数及有关物资装备情况，进行思想动员，提出纪律要求。然后，按预定的时间到达表演队伍集结区，向大会有关人员报到。表演队伍集结区的安排是根据表演场次的顺序和人员的多少以及各场次准备入场的方位确定的。若有背景表演，则应合理安排背景与场内表演人员的集结区域，以保证各种队伍的集结井然有序。

（4）背景人员应在表演前15分钟全部进入背景区，做好表演的准备工作。入场时，中间部分的表演者先进，由中间至外依次入场，靠最外边的人最后进入背景区。

（5）每一场操的入场分三步进行，即经过3个区位（如图4-20所示）。第一步是在表演队伍的集结区内（即1号区）将入场队伍的顺序安排好，排面的宽窄可根据入口的大小而定。第二步是将表演队伍带到进场的入口内（即2号区）。第三步是将队伍带到场内准备表演的地方（即3号区），表演队伍至少提前3分钟到达3号区域。进场时的步伐要整齐一致、保持肃静，直至表演开始。当第一场的队伍进入3号区时，第二场的队伍就要到达2号区；待第一场进入表演场地后，第二场表演队伍就应进入3号区等候。其他各场均按此要求予以衔接。

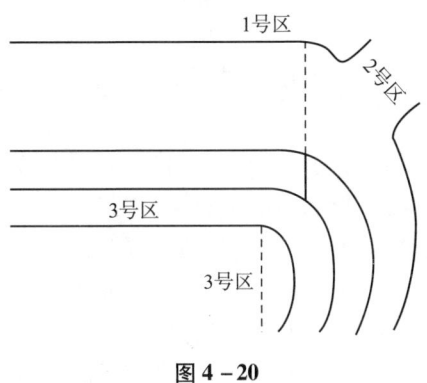

图4-20

因为各个表演场所的结构各不相同，可根据具体条件及表演队伍入场的方位，参照此方法酌情而定。

为了保证预演工作的顺利进行，必须建立完善而有效的指挥系统。指挥系统的岗位设置及人员的组成应根据表演的需要而定，通常由下列岗位人员组成：

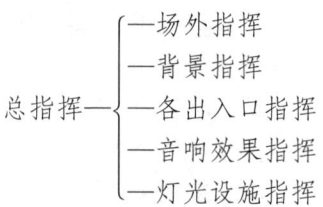

其中，总指挥负责与大会主持人取得联系，并向场外指挥、背景指挥、各出入口指挥、音响效果指挥、灯光设施指挥传达上级指示和下达指挥命令，同时听取各岗位指挥的工作汇报，对存在问题及时予以解决，总指挥的位置一般设在主席台旁，以利联络并观察全场。

场外指挥人员由编导排练人员、后勤人员及办公室人员联合组成，分别指挥表演队伍的集结、报到、队伍调动、交通、服装、道具、急救等一系列工作，并及时向总指挥报告情况和接受总指挥命令。背景指挥在表演的准备工作就绪后，要向总指挥报告。各入口处的指挥负责按表演的场次顺序组织表演队伍及时进入2号区、3号区。表演结束后，引导队伍退场。音响效果指挥负责调试音响效果和播放音乐。灯光设施指挥负责调试表演所需灯光的效果。

总之，预演要按照正式表演的工作程序要求进行。预演结束后，要及时总结经验与问题，马上进行改进和完善，为正式表演做好充分的准备。

3. 团体操正式表演。正式表演的准备要在认真总结预演工作经验的基础上，进一步完善计划，更周密、严格地加以组织，充分地做好表演前的一切准备工作，力求超出预演的效果，更出色地完成团体操的表演任务。正式表演的组织指挥与预演相同，但需考虑设计得更加周密，要做好各种突发事件处理的预案。

正式表演除预演中所进行的各项准备工作，还要对各个容易出现问题的细节重点准备，特别要加强思想动员，明确责任，增强信心。

正式表演前动员要精练简短，提出团体操表演重在团结协作，自觉听从表演总指挥和分场指挥的一切命令，保证有序的进场退场，遵守大会的各种规章制度等内容，使表演者精力更集中，更具有集体荣誉感，保证表演顺利进行，高质量地完成任务，为整个大会或重要节日划上一个圆满的句号。

正式表演进场前必要的细节的准备。一般都要求在大会正式开始前一小时到达指定的集合地点；负责各场次排练和表演的教师，应立即清点正式表演人数和替补队员人数，反复检查各重要位置的主要人员。如临时发现个别有病或离场的表演者，应立即从替补队员中补充；同时要再次对服装道具等进行检查，如发现有损坏,可从替补队员或备用服装道具中补充。

  表演之前的所有工作准备就绪以后,整个表演队伍就等待总指挥的命令。一旦命令下达,表演就应有序的进行。在团体操的正式表演过程中,尤其重要的是各分场间的相应衔接。因此,在第一场的全体表演人员进场之后,第二分场的演员就应无声而有序地进入进场起点待命,当第一分场即将结束时,第二分场的演员应集合好队伍,随着退场音乐跑步或齐步进场,到达各自的位置,进入表演。第三、第四分场的进场表演便依次类推,直至整个团体操表演顺利完成。

  团体操表演结束之后,后勤和排练组要将表演服装、道具收缴保存。领导小组、各工作小组均要作出书面总结。同时,评选在排练和表演中表现优秀和做出突出贡献的先进个人与集体、单位,由主办组织机构召开总结表彰大会,给予物质与荣誉奖励,圆满结束整个团体操的表演工作。

思 考 题

1. 简述团体操领导组织机构和各自的主要职责。
2. 简述团体操排练特点和常用的方法。
3. 简述团体操排练各阶段主要工作任务。
4. 简述团体操排练的主要形式。
5. 试述背景表演人员的组织排练步骤与方法。
6. 团体操表演场地布置的步骤与方法有哪些?
7. 团体操预演的组织指挥程序有哪些?

参 考 文 献

[1] 徐培文. 团体操的创编与训练［M］. 北京：人民体育出版社，1981.

[2] 毛学信等. 中国团体操［M］. 武汉：华中理工大学出版社，1988.

[3] 成都体院体操教研室编. 大众团体操［M］. 北京：人民体育出版社，1997.

[4] 黄宽柔，周建社. 健美操、团体操［M］. 桂林：广西师范大学出版社，2000.

[5] 夏怀珍. 团体操［M］. 北京：知识出版社，2001.

[6] 曲艳丽. 团体操编排设计与游戏［M］. 济南：山东大学出版社，2001.

[7] 郑幸红，张涵劲. 团体操创编理论与实践［M］. 厦门：厦门大学出版社，2002.

[8] 吕艺生. 大型晚会编导艺术［M］. 上海：上海音乐出版社，2004.

[9] 倪旭芬. 团体操创编理论与技术［M］. 北京：中国社会出版社，2007.

[10] 丁丙霞等. 对新中国全运会开幕式艺术展演的研究［J］. 体育研究与教育，2013（5）.

[11] 熊英，周建辉. 十运会开幕式大型文体演出的声光舞美［J］. 演艺设备与科技，2005（6）.

[12] 刘建，明文军. 艺术与体育的融合奥林匹克精神的高扬——七运会开幕式大型文体表演《爱我中华》出台纪实［J］. 北京舞蹈学院学报，1994（1）.

[13] 巩凌. 论团体操的审美价值［J］. 北京体育师范学院学报，1999（2）.

[14] 黄宽柔，胡小明等. 我国大型运动会开幕式表演的特点及其对社会的影响［J］. 体育学刊，2003（1）.

[15] 黄宽柔. 我国团体操的发展与展望［J］. 体育科学，1994（1）.

[16] 闫丽敏. 我国团体操动作造型的理论研究现状与分析（综述）［J］. 湖北体育科技，2006（3）.

[17] 刘静. 我国团体操理论体系的创新与发展［J］. 体育与科学，2005（1）.